LE MURMURE DES ÉTOILES DE COMPOSTELLE

ISBN : 978-2-9555430-2-3 Prix : 18 euros

Couverture et quatrième : Patrick Carton.

Observatoire des dynamiques contemporaines-Od2C
29, rue de l'avenir
93 800 Épinay-sur-Seine
contact@od2c.eu

LE MURMURE DES ÉTOILES DE COMPOSTELLE

L'ÂGE DE RAISON

Il était une fois un Petit homme sur le chemin de Compostelle.

C'était, disait-on, un enfant-pèlerin qui allait vers Santiago. Certains l'ont croisé et affirment qu'au fond de ses yeux on voyait les flammes du bonheur. D'autres expliquent qu'on y découvrait, en réalité, la lueur des étoiles de Compostelle. Tous ceux-là vous avoueront que cette rencontre a changé leur vie, tant les étincelles de l'espérance et de la joie de cet enfant les avaient marqués.

Il se dit aussi qu'il était accompagné parfois par un drôle de vieillard habillé de vêtements des temps anciens. Et puis il y a ceux qui affirment que tout cela n'est qu'une légende.

En vérité, l'histoire de ce Petit homme est la mienne et je vais ici vous la raconter. En m'écoutant, ceux qui rêvent d'aller à Compostelle feront réellement un bout de ce Chemin. Ils en découvriront les merveilles. Et ceux qui ont déjà fait ce pèlerinage s'apercevront probablement qu'ils m'ont croisé sans le savoir...

... À cette époque-là, je venais de fêter mes sept ans. *C'est l'âge de raison* me disait mon père, *tu devrais en être plus sage.* Et cela m'intriguait bien, comment pouvait-on atteindre cette fameuse raison qui vous faisait, visiblement, d'un grand coup peut être, plus sage ? Je décidais d'interroger Jean, mon voisin. Il ne manquait pas d'âge et probablement qu'il avait fait le plein de raison depuis longtemps ! J'imaginais ainsi que c'était peut-être la sagesse qui le clouait sur le banc de pierre que ses ancêtres avaient placé devant son logis, il y a bien longtemps.

De là, il regardait marcher le monde à longueur de journée, à l'exception du dimanche où ses enfants, habitant au bout de notre petit village, venaient le chercher pour déjeuner. Et il se passait toujours quelque chose devant chez lui. Il me paraissait vieux Jean, très vieux, et habituellement je le saluais de loin, car j'avais peur de sa longue barbe. Une barbe rousse et grise, effrayante. C'est bien mystérieux une barbe. Mais ne le jugeant guère rapide à la marche et encore moins à la course, je me disais que si je lui posais des questions qu'il n'aimait pas, il ne pourrait guère me rattraper. J'étais, je le reconnais, un garnement aussi rapide pour faire des bêtises que pour déguerpir au moindre risque. Je l'approchais progressivement, autant pour apprivoiser ma peur que pour ne pas trop rendre suspecte mon envie de savoir.

Après tout, la raison, cela ne se partage peut-être pas me disais-je, c'est un trésor personnel qui ne regarde personne d'autre. Jour après jour, m'apercevant que sa barbe ne renfermait ni maléfice ni mauvais génie, je m'approchais. Jour après jour, l'œil éveillé, le visage immobile, il observait ma mystérieuse transformation. C'est bien après que j'ai commencé à lui parler. Un jour de bonne note, en rentrant de l'école, je lui lançais un vaillant :

— Bonjour, monsieur Jean !

Il me répondit avec une voix caverneuse jouant de jolies graves.

— Habituellement tu me tires la langue fiston, et voilà que tu te mets à être poli, mais que t'arrives t'il donc, je suis inquiet, grandirais-tu ? me lança-t-il.

Je m'enfuis en courant. Et voilà comment le miroir du silence qui nous séparait fut brisé. Nous allions enfin pouvoir partager des choses, des idées, des avis, des émotions, des vérités, tout son trésor ! Car il faut le préciser maintenant, tous ces gens qui passaient à longueur de journée devant le logis de Jean la Barbe se disaient pèlerins de Compostelle. Un jour, il y a bien longtemps maintenant, le Sage me livra un premier enseignement. Et il insista avec un empressement que je ne lui connaissais pas.

— Cette piste poussiéreuse que tu vois là n'est pas une simple route de montagne. Certainement pas ! C'est une voie qui mène aux étoiles, c'est un axe de lumière sur lequel les manifestations célestes guident le pas des Hommes, une lumière qui ne produit aucune ombre. C'est l'axe du sens ! »

Le sens ? Mais lequel ? Dans quels sens devais-je le prendre ? Le sens ! ça n'avait pas de sens en soi ! Tout cela était bien mystérieux. Il me fallait des explications. Mais, vous le verrez bientôt, le sens est une chose bien extraordinaire. Et j'entendrai bientôt les murmures d'émerveillement du Chemin m'en parler.

C'était presque devenu une coutume entre nous, comme un rite quotidien. Le Sage m'avait fait une place à côté de lui, sur la longue pierre de ses anciens. J'étais fier. Nous les regardions passer, les êtres étranges et bigarrés du pèlerinage, ces cohortes cosmopolites et incessantes de marcheurs. Chacun d'entre eux se reflétait dans les yeux du vieil homme, et cela créait dans leur bleu émeraude une flamme bizarre, faite de joie, d'espièglerie, et de pensées profondes visiblement apaisantes. Ce reflet semblait le rendre serein. Dans les miens, il n'y avait qu'interrogations, que de petites questions sur des sujets trop grands pour moi !

— Monsieur Jean, lui dis-je un jour, toute lumière projette une ombre, quelle est donc cette magie qui éclaire la voie du pèlerinage sans faire d'ombrage comme vous me l'avez dit ? À moins que ce ne soit qu'une illusion ou quelque artifice de magicien ? Ne seriez-vous pas en train de me faire croire à des fables ? Je ne suis pas si naïf que vous pensez le croire !

— Ce n'est point une illusion mon enfant, ni quelque mensonge illusionniste, murmura-t-il. Car les vertus sur lesquelles repose le monde éclairent les Hommes et sont exemptes d'obscurité. Il en est ainsi de la liberté. Sur le Chemin de Compostelle, les pèlerins labourent la terre de toutes ses vertus : tous les choix y sont possibles. C'est ainsi que tout y est permis. *Chacun son chemin* est la règle. Toutes les raisons de le parcourir sont, par principe de liberté, bonnes et respectables. On ne doit y juger la démarche des autres et c'est ainsi que tout y est accepté. Ne pas faire ombrage des bonnes intentions. Ici la liberté se transforme en devoir et en persévérance, ici la liberté peut s'offrir l'aide de la fraternité et de l'égalité. Ici la besogne du pas ouvre les portes de la libération personnelle en même temps que celles des cieux. Et ces lieux-là sont si rares !

— Les croyances célestes alors, Jean, ne sont pour rien à tout ce mouvement ? lui répondis-je.

Dans le monde où tu vis, reprit-il en souriant, comme les évolutions rapides dépassent souvent l'entendement des Hommes, on accepte de plus en plus le mystique et on se fait de plus en plus réticent face au religieux. Comme si l'idée de Dieu était devenue honteuse. Sur Compostelle, il n'est pas de honte, car chacun porte un fardeau et des joies différents. Chacun est égal devant le kilomètre, devant la pente, devant la faim, la soif ou la tempête. Au rythme du pas, tu reviens à la nature et aux éléments, tu revisites les merveilles du monde en étant poussé au dépouillement, libre de toute adhérence factice. Car la route est longue et le sac lourd. Et les éléments de la nature sont parfois violents et les vents comme la pluie ont, tout comme l'anonymat pèlerin, un pouvoir égalisateur qui met sur le même pied le randonneur incrédule et le croyant pétri de piété. Compostelle forme une chaîne d'union de fraternité entre chaque pèlerin. Ils sont tous plus ou moins dégarnis de leur superflu. Ils sont tous plus ou moins enrichis par la même volonté d'aller de l'avant vers cette destination commune qui les soude. Le pèlerin qui avance dans le collectif n'a plus de statut ni de niveau de revenu. Il est nu dans la lumière de sa volonté. Tous sont des chercheurs de sens et de générosité. Pour certains, le chemin se fait béquille de l'âme pour ne pas sombrer et endurer les misères du monde. Pour d'autres, il se fait source d'énergie, d'envie, de pardon, et de force. Le pèlerin revenant de Compostelle est représenté avec un livre ouvert, symbole de la connaissance révélée, car il a conquis un état nouveau et le Chemin l'a initié à de nouvelles perspectives. Un livre qu'on reconnaît aux étoiles de bienveillance qu'il laisse dans les traces de ses pas. »

Jean me fit ainsi voir que l'énergie de l'espoir venait vaincre le désespoir sous nos yeux. Que sur le Chemin l'envie d'être balaye les mal-être. Que le pardon efface toutes les haines. Que la force vient toucher les faibles. Que les perdus retrouvent leur voie. Que les esclaves du doute brisent leurs chaînes. Que l'abîme pouvait être vaincu. Oui ! Pour sortir de leur labyrinthe intérieur, le chemin était la plus belle des voies de sortie. Je croyais les voir passer, en fait, ils sortaient de l'impasse ici, le long de notre piste poussiéreuse. Notre banc de pierre était pour eux comme un repère au loin, comme un phare qui évite les égarements. Et ces leçons étaient un grand enseignement de sagesse. Et j'interrogeais encore Jean.

— Maître, dis-je, si le Chemin répare les âmes, est-il vraiment une route qui conduit à la sagesse ? Se reconstruire, c'est survivre, et s'assagir, ce serait vivre plus encore n'est-ce pas ? Mais que vient faire l'obscurité dans tout cela ?

— C'est un peu cela Petit homme, rétorque le Sage. La sagesse est dans les actes et non dans l'ego. Chaque pèlerin avance dans une liberté du Chemin exempte de jugement et donc de culpabilité. C'est le regard non bienveillant des uns sur les autres qui crée les ténèbres. Les ombres naissent toujours quand les êtres se font obstacle à la lumière. C'est quand les pèlerins ont le corps sombre que le soleil projette leur ombre au sol. Ce sont les jugements et les fausses vérités qui transforment en tâches les éclats de la lumière.

Chacun possède une quête sans ombre, un besoin magnifique, une lumière du cœur que rien ne peut noircir ! Alors il est sage de se mettre dans l'action et de ne point jalouser. Il est une rude côte entre Saint-Jean Pied de Port et Roncevaux qui se termine par un col sur lequel trône un vieux refuge, tout près d'un massif de rocher où l'on a édifié une statue de la Vierge. C'est là que je suis tombé la première fois. Épuisé dans la tempête qui m'avait surpris. Et je me suis relevé. Parce que je savais que je devais me juger à mes actes. Parce qu'il n'y avait pas là les yeux des autres pour m'évaluer. Et la force de ce jour est toujours présente en moi, c'est celle de l'esprit qui se relève face à la pente. »

Alors je commençais à mieux comprendre. Et puis un jour, un pèlerin vint se poser à nos côtés quelques minutes, le temps de manger une pomme. Était-ce un hasard, mais il nous dit en partant.

— Aujourd'hui, il va faire chaud, on va chercher l'ombre, je vais donc la chercher et y marcher. Par ce temps-là, on ne cherche pas à être sous les feux de la rampe, mais plutôt dans la fraîcheur de l'obscurité, toute lumière n'est pas bonne à suivre ! Et je sais quand je suis à l'abri : tant que le soleil ne projette par mon ombre sur la route me voilà à l'abri. C'est en longeant les ombres qu'on n'a pas d'ombre. Sur le chemin de l'humilité, seule la lumière est péril. »

Finalement, le pèlerin de Compostelle devait sûrement désapprendre à courir après ses ombres sur ce long sentier de quête. C'est alors que je compris le début du mystère que je veux vous conter ici : il n'y avait pas que le Sage qui m'aidait, le Chemin était son complice. Je ne savais ni pourquoi ni comment, mais bientôt d'autres signes me mettront aussi sur la bonne voie de la sagesse. Mais rien ne s'obtient sans sacrifice ! »

Ainsi donc je comprenais vaguement, sans tout saisir, que chacun possédait une *quête sans ombre* et des choses à vaincre. Le Chemin offrait à ceux qui y étaient appelés, des défis à conquérir, des doutes à lever, et des réponses à trouver. Il transformait la quête en conquête. Les marcheurs devaient dompter les kilomètres pour se conquérir eux-mêmes. Il leur fallait avancer pour réconcilier en eux leurs contradictions, leurs addictions, leurs passions, et leurs dérisions aussi. Cela restait quand même un peu mystérieux pour moi.

Maître Jean ne se lassait pas. Admirable. Des heures durant, il les observait naviguer en cortèges ou seul. Comme si le Chemin, le *Camino* en espagnol, était une arche au milieu d'un déluge. Souvent un pèlerin venait faire une pause sur notre pierre. Il faut dire qu'elle était accueillante, elle inspirait confiance, si bien occupée par un Sage enjoué et un garnement curieux. Et ainsi nous remplissions notre cœur de leurs pensées, abreuvés de paroles sans fin ou de silences tout aussi longs recueillis auprès de ces marcheurs de sens. Tout au long de mon aventure, vous me trouverez probablement trop sage et de pensée trop profonde pour un enfant de sept ans… C'est que j'affabule un peu ! Il est si terrible de s'avouer tel que l'on est… il est si dur de dire vérité sur ce que l'ont fut ! Pitié ! Soyez indulgents avec mes songes et mes mensonges ! Et puis… surtout…n'avons pas tous gardé, aux confins de notre intimité, un coeur d'enfant qui ne demande qu'à s'exprimer ?

LA MAGIE QUI ÉCLAIRE LA VOIE

Et alors je vis qu'il était une question interdite sur cette Grande Route. Celle de la cause, celle de l'*alibi* de la mise en marche : la question de l'*Appel*. Cette cause prétexte qui créait l'élan du départ vers Compostelle. Cette question *taboue* portait son lot de souffrance. Elle était toujours une promesse de partage de la peine de notre passager de pierre. Et ce fardeau était bien trop lourd pour nous, en tous cas pour moi. Alors, sans jamais en avoir parlé ensemble, nous l'évitions.

Le Sage Jean savait me parler autant avec un regard en coin qu'avec des paroles. Il me faut avouer que les émotions les plus fortes qu'il me transmit se firent par cette voie-là. Celle de l'âme qui parle au cœur, celle du regard qui dépasse les messages approximatifs des mots. Mais en dépit de ces précautions sur la question *Douleur*, il n'était pas de jour où un pèlerin ne vienne se confier à nous sans que nous le demandions. Nous l'appelions le pèlerin du *Fardeau*. Il déposait là ses larmes, ses colères et ses doutes. Nous faisions ainsi le tour du monde de la détresse et de l'espoir. Nous étions un des réservoirs de délestage de la Grande Marche vers les étoiles. Ainsi notre rôle d'observateur exposé à la poussière était inutile, mais pas sans importance. Sans rien faire, on faisait beaucoup.

Et un jour le Père me dit.

– En vérité, chaque pèlerin a un motif qui lui est propre, pénétré de son expérience, de ses joies et de ses peines. Chaque pèlerin porte une partie des imperfections de l'humanité, et le doute le met en route. Et sur notre banquette en pierre d'angle, nos mots, parfois si petits, transforment leur doute en réponse. Le pèlerin nous arrive avec un mal et nous quitte en joie. »

Et ils étaient mille ces pèlerins, que dis-je, bien plus ! Un jour, un milliardaire italien, parti *pour trouver sa voie,* s'épanchait là. Comme si les virages et les pentes traçaient de bonnes directions. Comme si la réussite était son impasse, prisonnier d'une fortune en argent devenue si jalouse qu'elle causait son infortune du cœur. Un riche perdu. Un pèlerin de Luxe. Il cherchait une voie, il trouverait la joie du *petit rien* affirmait-il. Les déshérités de la Voie de Jacques sont bien souvent des nantis dans la vie profane, celle des non-pèlerins. Comme si la possession d'objets vidait la spiritualité.

Un autre jour, un professeur australien en marche pour *rendre meilleur le monde,* vint s'échouer là. Sans s'avouer qu'il devait commencer par lui, car il n'était pas bien agréable, sans s'apercevoir que le monde était d'abord *son* monde et que, comme le répétait Jean, *le meilleur des uns est parfois le pire des autres.* Qu'ainsi l'humanité manquait d'oreilles qui écoutent bien plus que de bouches qui donnent des leçons. C'était bien là un pèlerin *Dicteur,* un peu dictateur de certitudes. À sa suite vint un courtier hollandais en route pour *obtenir des indulgences et des grâces,* en implorant. Comme pour provoquer la clémence, comme pour éviter la démence, comme pour faire tourner la chance, c'est ce qu'il nous marmonnait. Il semblait avoir côtoyé tous les gouffres de la vie, et pourtant, à chaque fois, il se relevait. Il trouvait même le moyen d'aider les autres. Un pèlerin *Releveur*. Grand. Immense. Porteur d'espoir et de bienveillance ! Plus tard, un retraité espagnol, la foi arrimée à l'âme, avec des photos d'enfants épinglées à son chapeau, un chapelet accroché au sac, une grosse larme au fond de l'œil, et la démarche lourde d'un porteur de Croix. Il traînait le pas à Saint Jean Pied de Port, mais à chaque étape racontait-il, il retrouvait le goût de vivre. Les pèlerins qu'ils croisaient lui portaient le sac avec leurs paroles d'encouragement. C'est ce qu'il jurait. Alors ses morts lui souriaient et la vie redevenait belle. Un pèlerin en *Résurrection*.

Et le jour d'après, un pompier américain perdu là pour vider des trop-pleins, la terreur, et pour remplir de grands vides, ses frères de feu. L'esprit prisonnier de vertiges, il ne comprenait pas pourquoi tous ses collègues étaient partis là-haut alors que lui avait survécu au grand choc d'un jour de fin d'été à New York. Un pèlerin de l'*Horreur*. Et puis encore cette commerçante belge fuyant la complexité de la vie, traînant sa carcasse frêle pour faire le point, pour prendre du recul, avant de grandes décisions mystérieuses. Elle avait eu envie de se mettre en retrait et, disait-elle, *de penser à sa vie*, probablement pour envisager quelque transaction. Une pèlerine d'*Équation*.

On pèlerine aussi pour peupler un désert et accepter une perte. Une personne chère partie sur d'autres chemins. Un proche parti pour le dernier voyage, qui manque à l'appel et que l'on accompagne vers son ultime demeure en revivant le chemin de bonheur parcouru ensemble. Un travail perdu qui demeure là au fond du cœur comme un échec professionnel qui fait sombrer le personnel. Il y a dans chaque *jacquet*, c'est ainsi que les nommait Jean, un vide qui fait vibrer les âmes. Ce sont les pèlerins du *Manque*. Et la Grande Route remplissait cet abîme de choses essentielles, comme s'il fallait y naviguer pour oublier sans abandonner. Comme si, dans ces kilomètres de solitude ou d'échange, se glissaient les plus belles des consolations.

Le Sage me le répétait à l'envi et je l'entends encore.

— Il ne peut y avoir de matériel heureux sans spirituel satisfait. Compostelle va puiser les réponses qui sont dans les cœurs. Il aide à les débusquer là où les vies compliquées et vertigineuses les ont cachées. C'est un Chemin de rencontre avec soi au cours duquel les autres mettent en lumière nos travers. Dans leurs vies profanes, les pèlerins se comparent ou se mesurent aux autres, sans jamais imaginer qu'en réalité ce sont eux qui détiennent la clé de leurs problèmes ! »

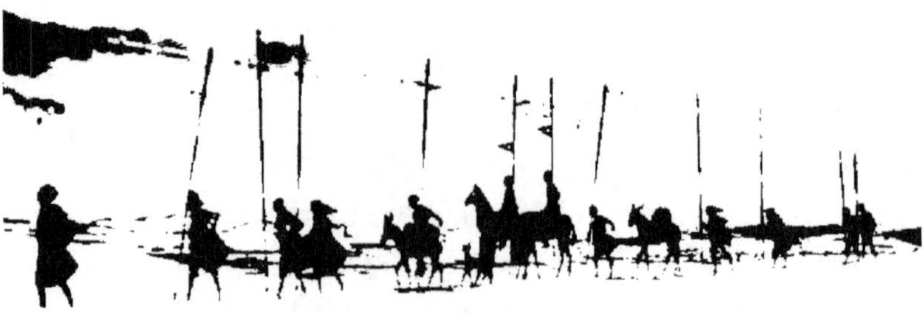

LA TRANSHUMANCE DU SENS.

Ce peuple hétéroclite était en marche dans la même direction, comme une horde de migrateurs suivant les étoiles. Comme une transhumance à la recherche de sens. À les regarder, on ne distinguait pas ceux dont la douleur était dans le corps de ceux dont la souffrance était dans l'âme.

Quand on observe les Hommes, on ne sait pas toujours ce qui les habite. Il y a ceux qui ont mal et ceux qui sont mal, et ces deux tourments souvent se complètent l'un l'autre.
Jean disait encore.

– Admire mon Fils, les paradoxes du temps et de la force, admire comment sur un chemin d'égalité, la nature fait des pieds de nez. Elle est espiègle, regarde ! »

Et en effet, l'âge et la vigueur étaient tout à l'envers sur le Camino. Il y avait des jeunes aux pas éteints et des vieux à la fougue visible. Il y avait des vieux sans canne et des jeunes avec canne. Chacun son déambulateur du corps ou de l'esprit. J'ai même vu passer des vieillards avec une simple musette, le pas pressé, l'air grave, comme si le chemin les conduisait à leur jeunesse. D'autres, des jeunes, portaient des sacs hauts comme des montagnes, ou se bardaient de havresacs malingres, comme si avec l'âge on avait besoin de moins. Les uns doués pour la force de la certitude, les autres assommés par le doute. On en voyait encore tout frais, ils avaient dû commencer leur route depuis peu. Ils n'avaient pas de trace de larmes sur les joues ni de regards brillants, de cet air lumineux et de ces sourires complices que le Camino offre en offrande à la persévérance.

Le pèlerin est heureux d'être là, même s'il souffre, même si c'est dur, même si les aléas ou les épreuves qu'il subit ne le conduisent pas vraiment là où il le voudrait et comment il le désirerait ? De cette souffrance qui vous grandit, car vous ne renoncez pas. Je découvrais là que le bonheur n'était pas forcément dans la facilité, bien au contraire, il est dans l'effort. Je me rendis compte que le défi grandissait les âmes et unissait les Hommes. Qu'il ne pouvait y avoir de solidarité sans peine commune, sans la croyance d'une cause commune ! C'est face à l'obstacle que l'on se mesure et que l'on se grandit. Chaque difficulté est une occasion de gagner, chaque obstacle est une chance de victoire sur soi et sur les condamnations du destin. »

Ainsi Maître Jean me montrait que les perditions, les grandes émotions, et les disparitions mènent à la réflexion. Et qu'ensuite la réflexion conduit au Chemin, en passant par notre pierre. Et sur ces pistes mal pavées, ce n'étaient pas les grands succès, les grandes batailles ou les grands triomphes qui mettaient en marche les pèlerins, mais bien leurs ratages et leurs dérapages.

Et puis il fut un jour de grand désarroi. J'avais encore fait quelques bêtises et mon père m'avait dit que *le Bon Dieu* allait me punir. J'accourrai donc alors pour demander des *comptes* au Sage. Comment se faisait-il qu'un Dieu si bon qu'il me le décrivait pouvait mettre tant de difficulté dans la vie des Hommes ? Comment donc pouvais-je m'équiper des bonnes pensées qui m'éviteraient les ratages et les dérapages ? Les réponses du Maître pensé-je pourraient m'éviter ainsi de faire, un jour, pèlerinage vers Santiago. Et je m'adressais à lui ainsi.

— Maître, croire en Dieu est bien difficile quand on ne le voit pas, et encore plus quand on réalise que loin de vous bénir, il vous surveille pour vous punir ! Où était donc Dieu dans cette grande migration de Compostelle ? Faire pèlerinage, c'est d'abord se mettre sur la voie du Ciel si j'ai compris votre enseignement ? À moins que tout cela ne soit finalement qu'un mirage de plus, une mode cachée derrière des images ? »

Le Sage m'apprit que le Ciel des uns était porté par Dieu et que le Ciel des autres était porté par la science, et qu'entre ces deux familles de croyants, il y avait toutes celles qui avaient pour modèle le progrès de l'humanité, la découverte de la spiritualité et toutes ses déclinaisons plus ou moins éclairées des croyeurs de doute. Mais n'ayant pas obtenu de réponse réelle à ma question je revenais à la charge et le questionnait à nouveau.

— Maître, votre réponse ne me répond pas, votre parole ne me parle pas, et vos yeux ne me voient pas. Est-ce que seuls les croyants sont punis par le Ciel, c'est cela que je veux apprendre ? Et si jamais je ne croyais plus en Dieu, serais-je alors exempté de sanction ? Comment faut-il faire pour être incroyant ?

Alors Jean me dit que si on voulait appréhender l'irrationnel, il fallait parler du sacré, du saint, du profane et des sacrements. Qu'il fallait également se pencher sur les tabous, les totems, la spiritualité et la non-croyance de principe, tous ces cousins de la voie de Dieu, dont le spectre, brouillait bien des cartes dans l'esprit des Hommes. Et qu'ainsi aujourd'hui, on pouvait être à la fois croyants et pas vraiment croyants. Mais laissé encore sur ma faim, j'insistais le lendemain après le dîner. C'était une nuit de pleine lune et cela l'aida peut-être à être enfin plus précis.

— Sache-le, Petit Homme, me dit-il, bien des cheminants ne se retrouvent pas, dans leurs convictions, au milieu de leur communauté de croyance. Ils vivent leur Dieu dans la solitude, souvent à cause de leurs incertitudes, comme les tiennes, et dans le doute ils vacillent dans un spirituel sans Ciel. Ils vivent moins leur croyance dans les réunions collectives de dévotion. Ils désespèrent de se faire bénir, et souvent ils vivent la vie comme une grande et continue punition. Leurs succès a un goût de cendres, et leurs joies sont ternes. Ils ressentent alors le regard des autres croyants posé sur eux comme un jugement dernier permanent. Ils se sentent perpétuellement condamnés.

Or, Dieu est pardon et non-sanction quand, chez les Hommes, trop souvent, rien n'est pardon et tout est sanction. Et c'est cela que le pèlerinage fait découvrir à tous. La Voie de Saint-Jacques est un chemin de croix pour tous ceux qui veulent bien se plier aux règles de la nature. Il est devenu religieux par nature, spirituel par essence, et coutumier par pratique. Compostelle est tout cela à la fois, comme dans un mélange symphonique équilibré par quelque maître d'harmonie. Et sa musique est belle. Le Camino accueille ainsi des chercheurs de clémence animés par cette divine quête de l'amnistie dans le brouillard de la providence. Cette voie du pardon et de la vérité. Et chacun peut user de sa liberté de pèlerin pour composer sa propre alchimie de croyance en puisant dans cette source de réconciliation. Se lancer dans le spirituel sans croyance, ce serait expliquer qu'on aime la nature en plantant des fleurs artificielles dans son jardin.

Or Compostelle t'apprend à observer de près les mauvaises herbes. Un beau jardin n'est pas un champ de bataille dont le soldat est jardinier, mais une volonté en ordre avec les lois de terre. Et je crois deviner que tu t'intéresses à tout cela parce que tu as fauté et que l'on brandit face à toi le Ciel comme un gourdin qui viendrait te menacer. Ignore le coup qu'on te promet mon Fils, et avance, car tu es libre ! Et si coup il y a, prend-le et relève-toi ! Que cela ne t'empêche pas d'être libre ! »

À ces mots, je bondis de notre banc de pierre et je poussais précipitamment la porte de ma maison en criant.

— Je suis libre et amnistié ! Je suis libre et amnistié !

Plus jamais alors, malgré ses dépits et ses embûches, je ne regarderais ma destinée comme une sanction, car je savais désormais qu'elle est fille de la liberté.

Et Jean me dit quelque temps après.

— La liberté, tu sais, c'est le tribunal du doute permanent. C'est la constante obligation de choisir puisqu'on ne subit plus, et c'est surtout la douce possibilité de sortir de la course pour emprunter ses propres chemins de traverse. C'est un don du Ciel ! Et tu restes libre quand tu te fais responsable, il n'y a pas de liberté sans responsabilité. Tous ces pèlerins expriment ici leur liberté totale. Beaucoup partent en spirituel, dans des formes de croyances s'inspirant de tous les Dieux, et arrivent en dévotion. Peu perdent leurs croyances en Dieu en route. Certains la gagnent. Et les coutumiers de la supériorité de l'Homme sur toute divinité se surprennent souvent à douter, car, sous prétexte de tourisme, au fil du Chemin, on les voit s'attarder de plus en plus dans les églises !

Chacun porte un sac et dedans une grande responsabilité qui leur est personnelle et qui les conduit là. Bats-toi pour la liberté et refuse les dogmes qui t'enchaînent ! »

CELUI QUI FIT LE MONDE

Enfin acquitté par l'épée de Damoclés que j'imaginais brandie par le Ciel pour me faire payer mes bêtises, je revenais vers Dieu avec moins de craintes, mais toujours avec quelques précautions, car un sage, c'est sûr, ça peut toujours se tromper !

— Parlez-moi encore de *celui qui fit le monde* ? lui demandais-je un jour de grande audace. »

Jean ne fut pas surpris par ma curiosité et m'expliqua.

— La chose n'est pas aisée, petit homme ! Mais réfléchissons, voyons comment le Chemin mène au concepteur suprême. Examinons nos traces dans la latérite pour voir ce qui fut notre destin passé, car c'est dans ces empreintes que se trouvent nos vérités. Tu vois, auparavant, on allait à Santiago de Compostella racheter ses pêchés, pour se saisir d'indulgences comme on disait, parfois en envoyant des domestiques, ou des supplétifs, ou quelque personne de sa famille. On échangeait la souffrance et les risques du périple contre ses écarts de comportement, contre quelque avantage. Le Camino était risqué, les secours rares, les brigands nombreux. La route des étoiles était une voie de douleur et de malheur, parcourue pour justifier d'un échange possible avec Dieu, ou même avec le destin, un pari du dernier recours en quelque sorte ! On marchait alors pour une transaction avec quelque force suprême pouvant solutionner nos problèmes. On négociait avec quelque force obscure régissant les circonstances. On se faisant commerçant avec les forces de la destinée. Un peu comme s'il fallait souffrir pour obtenir clémence, comme si les larmes et le sang avaient un pouvoir rédempteur, comme si chaque gémissement de difficulté était salvateur. Tu vois, on revient à la sanction et au pardon. Mais je peux te l'affirmer, *Celui qui fit le monde* ne le peupla pas d'hommes pour les faire souffrir, mais pour les faire grandir. »

— Maître, dis-je, cela est encore un grand mystère pour moi. Croyez-vous que l'on puisse vraiment être pardonné parce qu'on marche vers un lieu Saint. J'ai bien du mal à le croire, c'était de la superstition moyenâgeuse tout cela, ce n'est pas sérieux ? C'est du rite païen n'est-ce pas ?

— Au contraire mon Fils, reprit le Sage. Vue par le Ciel, chaque pente gravie à pied sous un soleil terrible est comme une gomme de mes péchés. Et cette montagne que je dois vaincre de mes pas devient l'immense mécanique qui apure mes mauvais gestes et mes paroles déplacées. Le pas du Chemin disculpe. Même les actes et les regards sans charité peuvent disparaître dans les enchantements du Chemin ! Cela marchait hier. Et cela marche encore ! Pour les uns, c'est de la magie. Pour d'autres de l'inexpliqué, et pour les croyants, le doigt de Dieu. Et parce que l'Homme a été créé pour être libre de ses pensées, il est probable que Dieu accepte comme honorables ces trois explications. Aujourd'hui la foi demeure dans le cœur de bien des âmes apaisées cheminantes. Les gens sans Dieu parlent de *spirituel*. Soit ils en nient l'existence, soit ils ne veulent pas donner le monopole de leurs croyances à un seul Dieu. La liberté préside à cela. Ils veulent butiner dans les cultures et les rites. La fidélité et la foi, *la fides* latine, freinent les concepts de diversité. Le *spirituel* a comme pris, dans bien des cas, l'apparence d'une doctrine du non-Dieu. Il est devenu comme un droit de passage païen pour accéder au pèlerinage, comme un passeport d'honorabilité. Et de la sorte, le dévouement à une cause engagée, allant des plus humanistes aux plus sectaires, se travestit en concurrent du Ciel. Sur la longue piste qui conduit à Jacques, le spectre des croyances est donc large et complexe. Et c'est bien ainsi.

Il faut juger l'arbre à ses fruits, et les Hommes à leurs actes. Regarde donc là dans le verger de mon voisin, ce vieil arbre ne paye pas de mine et tu le trouveras peut être rabougri, et pourtant il ne produit pas de vieux fruits, bien au contraire, les siens sont sans pareil ! Ne juge pas sans savoir. Ne fais pas des apparences une religion. Et ainsi tu respecteras tout le monde et tu ne te tromperas jamais. Lie-toi aux Hommes, mais jamais à leurs dogmes et reste fidèle à tes croyances, suis les étincelles divines de leurs fruits, c'est la bonne voie. »

— Je saisis cela Maître Jean dis-je, mais la tolérance a-t-elle des yeux ? Peut-elle vraiment discerner le bien du mal et ne pas se faire aveugle, n'est-elle pas une forme de naïveté ? Moi on refuse ma parole, je n'ai pas droit au chapitre, et cette intolérance est une violence !

— On dit qu'il existe des diversités qui enrichissent et qu'il en est d'autres qui appauvrissent ou qui trompent, répliqua le Sage. Sois donc vigilant et attentif. La tolérance ne doit pas accepter l'intolérable. Et tu as raison, il en est de la tolérance comme de la confiance, il est des limites au-delà desquelles on ne doit plus accepter la différence de l'autre, car elle se fait dictature. Il faut donner, mais pas se faire abuser. Il faut tolérer, mais pas jusqu'à l'intolérable. Mais de cela, nous en reparlerons quand il sera temps. »

Et cette réponse m'apaisa. Mais je sentais que je demeurais à la surface de choses plus compliquées qui me restaient à découvrir. *L'âge de raison* était encore loin et la déraison continuait à me tracasser. Je pensais avoir suffisamment avancé cependant pour me mêler à une conversation de *grands* et bien mal m'en a pris, car voilà que mon foyer familial se transforma en tribunal. J'étais condamné pour un mot de trop. À table, j'avais commencé une phrase par *Je sais*, et cela sans qu'on me donne la parole. Ce fut un jour de grand sacrilège. Puni pour de vrai cette fois, j'entendis une vieille tante vêtue de noir s'inquiéter.

— Ce petit, il finira comme pèlerin-chagrin sur le Chemin des larmes de Compostelle ! »

Alors j'accourais encore sur notre banc de pierre pour m'inquiéter de ces larmes-là, et je m'écriais.

— Jean ! Jean ! Le Chemin est-il la route de ceux qui croient savoir ou de ceux qui ont transgressé, ou encore de ceux qui pleurent ? Qui donc vient là s'adresser à Jacques ? Qui donc était-il pour que tant de pèlerins viennent encore se confier à lui ? Quels sont son histoire et son secret ? »

Et le Sage répondit.

— Te voilà bien excité ! Aurais-tu des choses à te reprocher une fois de plus ? Hé bien Jacques a une histoire qui se ressent et non qui se démontre. Il était un Saint et la légende dit qu'il partit en croisade contre des envahisseurs maures. Ses reliques furent retrouvées dans le champ des étoiles et pour arriver jusqu'à elles, il suffisait de suivre la Voie lactée. Cela personne ne doit te le contester. Un pèlerinage est une marche vers un lieu sacré. Un lieu *habité* par des mystères et qu'on rejoint comme on irait se réfugier dans une maison commune. Quand les pèlerins rentrent dans les églises, ils y sont chez eux. Beaucoup d'entre eux mettent des cierges. Leur culte est ici un rite itinérant. Nombreux sont ceux qui assistent aux bénédictions quotidiennes. Elles sont libres, non jugées par les autres, toujours sobres et courtes. Tu vois, le Chemin n'est ni une voie des larmes ni une route du drame. En revanche, il est vrai qu'elle porte les âmes et que celles-ci peuvent être dans la peine. Et toutes ces âmes se reflètent dans le Ciel, il est leur miroir, et c'est ainsi que scintille la Voie lactée. Jacques est une émotion mon Fils, pas une équation ! »

Je fus rassuré ainsi. Et le Sage poursuivit sa réponse en me montrant qu'il était aussi très savant.

— La connaissance, petit Homme, autorise les incertitudes. Le doute et la recherche sont ses amis. Ainsi en est-il de la Voie lactée. Elle n'est visible que lors des nuits les plus obscures, sous un ciel pur, loin des villes, et lorsque la Lune n'est pas trop pleine. Elle traverse un certain nombre de constellations visibles dans nos régions : le Grand Chien, Petit Chien, la Licorne, Orion, les Gémeaux, le Taureau, le Cocher, Persée, Cassiopée, Céphée, le Cygne, la Flèche, l'Aigle, l'Écu de Sobiesky, le Sagittaire et le Scorpion puis elle va balayer des constellations qui ne sont visibles que dans l'hémisphère sud : la Règle, le Compas, la Croix du Sud, la Carène, la Voile, la Poupe. Certains y ont vu les restes d'un ancien chemin du Soleil, ou bien un reflet de la lumière du Soleil, d'autres la jonction imparfaite de deux hémisphères célestes, un peu de la lumière des sphères supérieures filtrerait par là. Un certain nombre de savants et de philosophes de l'Antiquité semblent avoir soupçonné qu'elle était formée d'un très grand nombre d'étoiles très petites, ce qui a été vérifié par Galilée. La Voie était appelée *Galaxie* par les Grecs et V*ia Lacta* par les Romains en raison d'un épisode de mythologie ancienne au cours duquel Junon apaisée par Minerve avait consenti à donner le sein à Hercule, et celui-ci en le mordant en fit jaillir quelques gouttes de lait qui se répandirent sur la voûte céleste ! D'autres poètes font de la Voie lactée le *chemin des Dieux* ou la *voie de l'Immortalité*, qui conduisait les héros au palais de Jupiter. Les Arabes lui donnaient le nom de *fleuve céleste*. Partout en Europe, la Voie lactée est appelée le Chemin de Saint-Jacques. On disait aussi dans l'Antiquité que la *via Lacta* était la route des âmes qui quittent le monde. Et dans les légendes du Moyen-Âge, le chemin de Saint-Jacques fut aussi regardé comme la voie de l'éternité. Ainsi tu vois, Petit disciple, dans le Ciel, chaque nuit se reflète, non des larmes ou des drames, mais la douce lumière des âmes qui avancent vers Santiago !

— Je comprends mieux répondis-je pourquoi il y a tant de pèlerins qui échouent sur notre pierre et qui affirment qu'ils accompagnent leurs morts jusqu'aux confins célestes. »

Le Maître acquiesça de la tête et me répondit.

— Tu as raison Petit homme, la fréquentation intensive du Camino est un vrai miracle ! Et c'est bien un apôtre *dans les étoiles* qu'on va visiter. Et tant de siècles après sa mort, ce flot de pèlerins veut marcher pour devenir meilleur et *changer le monde* en allant vers lui. Une vraie démonstration de ferveur incompréhensible. Comme si le rejet de Dieu faisait revenir à de grandes interrogations qu'on venait présenter ici devant l'*éventualité* d'un Dieu. Comme s'il avait été dit à ceux-là : *lève-toi et marche,* comme il est dit dans la parabole des textes sacrés ! Comme si les Hommes s'exécutaient, toujours plus nombreux, se levaient et marchaient. Compostelle est ce miracle permanent. Mais quand on ne croit pas, Dieu n'existe pas. On le fait disparaître en l'abandonnant. C'est le message profond des anciens témoignages écrits. Il faut un peuple à Dieu. Mais il est des choses graves en cela. Les Hommes parlent trop des dogmes sur celui qui règne au-delà de notre vue. Parfois, ils font la guerre pour lui donner de la substance et du pouvoir. Tous ne vivent pas en exemplarité et en ambassade du bien dans leur idéologie. L'Homme est toujours otage de ses imperfections. Tu le constateras : au fil des kilomètres, l'éventuel devient de plus en plus probable et si certains portent la mort, d'autres portent la vie ! »

— Maître Jean, lui répondis-je, mais comment être sage quand on est condamné de naissance à l'imperfection humaine ? Comment être bon quand on est imparfait ? Et la culture dans tout ce grand chamboulement de pèlerins, où se place-t-elle ? Et moi qui n'ai pas de droit à la parole, comment pourrais-je aider le monde ?

Le Maître me surprit dans sa réponse, moi qui le pensais connaisseur de tout.

— Tu me demandes des choses que je ne sais pas Petit homme. Mais je vais tenter de t'éclairer sur le peu que je sais. Car il est vrai que la sagesse n'est pas le savoir. Le Camino est soutenu par une démarche culturelle, car il s'enracine dans ce que l'Europe a de plus profond. Et c'est là une autre forme de spiritualité qui réfute les Dieux en prônant paradoxalement des vertus cardinales séculaires de ses peuples. Et cela me suffit à conclure que c'est bien aussi ainsi. Ces vertus sont au nombre de sept, et tu te les rappelleras, car elles sont la boussole de la fierté d'être soi, quel que soit ton choix spirituel. Elles sont : la foi, l'espérance, la charité, la justice, la prudence, la force et la tempérance. Tu dois t'ancrer constamment à ces principes de stabilité et d'humanité. En même temps, tu dois éloigner tes pas des contraires de ces vertus qui sont l'infidélité, le désespoir, le mensonge. Tu te rappelleras, de même, des sept vertus cardinales des textes sacrés : la chasteté, la tempérance, la prodigalité, la charité, la modestie, le courage et l'humilité.

La vie t'apprendra que ces règles sont de bons guides. C'est ainsi que tu reconnaîtras aussi comme récifs ces contraires que sont l'orgueil, l'avarice, l'envie, la colère, la paresse, l'impureté et la gourmandise. Rappelle-toi que Platon résumait ces vertus à des repères que tu adopteras si tu veux rejoindre les lieux cachés de la sagesse : la prudence, la justice, le courage et la continence.

Et j'aime me rappeler de la règle d'Aristote pour qui : *la vertu est essentiellement ce dans et par quoi l'Homme se rend supérieur au destin, grâce à la maîtrise de ses passions et à l'exploitation de ses possibilités d'action.* »

Le Sage s'interrompit, mais je revenais une fois de plus sur la liberté, la vie et le Ciel, une équation si inaccessible pour moi.

— Maître Jean, dis-je, à quoi cela sert-il de croire ?

— Tu observeras répondit Jean, que sur le Chemin le superficiel craque dans la quête de l'essentiel. Le rattachement à ces deux caps que sont les cieux et les textes sacrés, reviennent vite en surface pour qui n'est pas simple randonneur. Car dans le cultuel, je vois une doctrine d'espoir qui fait croire au sens de la vie. La foi diminue le doute et fait grandir l'espoir. Et, à l'inverse, dans le culturel, tu verras une doctrine où le présent ne fait pas espérer de futur éternel, où tout est furtif, où la mort est définitive, où le bénéfice terrien de la joie et du plaisir se fait plus pressant et où, donc, l'équation de vie est oppressante pour beaucoup. Il ne s'agit pas là de juger, je le répète, mais de laisser parler son cœur et sa réflexion personnelle. »

— Je commence à mieux saisir ces choses bien extraordinaires dis-je, mais comment distinguer la bonne croyance qui rend sage de la mauvaise parole qui égare ?

Jean le Barbu leva vers le Ciel son bourdon de campagnard et me répondit.

— Tu reconnaîtras aisément les voies de traverse qui contredisent l'idée de Dieu. Et tu sauras reconnaître ses égarements qui, sous prétexte d'humanité tolérante en marche, voudraient faire du Chemin une terre sans homme de foi. Ces travers ont des ancrages visibles dans l'égocentrisme et le matérialisme. Pour certains la science est Dieu. Pour d'autres, le *Je* est situé au début tout comme en fin de chaque phrase. Alors les vapeurs de l'épanouissement personnel viennent asphyxier la pensée sacrée de ses convictions intimes. La secte n'est pas loin, il faut fuir ! Faute de rite et de symbole, on s'égare vite et l'invisible se fait prendre en otage par des gourous de toutes sortes, par des idoles et des icônes aux mille masques d'emprisonnement.

En vérité, la croyance est rassurante et bonne compagne de route, elle arrime les doutes à un cap, elle exprime de la douceur de vivre, c'est une magnifique boussole d'espérance. Il faut croire, car là est souvent la joie. Croire en ce que l'on veut, mais croire à tout prix. Sinon l'exaltation des sens du Chemin retombe dans la déprime, elle plonge dans un labyrinthe sans sortie, elle s'égare dans une équation insoluble. À défaut, te voilà avec les amarres rompues et l'esprit prisonnier des tempêtes, embarqué sur un esquif condamné à des choses définitives. Te voilà orphelin du sens de la vie.

C'est la foi qui transforme la Grande Route en or. Pour le croyant, le Chemin se fait voie du Supérieur, c'est sa trace, il sinue le long du doigt de Dieu ou de quelque force supérieure. Il ne conduit pas *au Ciel,* à la vérité ou au *Nirvana,* mais c'est comme si celui qui le parcourt bénéficiait d'une ligne directe avec les forces de la vie. Le Ciel veille sur ses pèlerins, tous. Certains disent que c'est le Chemin qui remplit cet office. Alors Chemin, c'est le nom qu'ils donnent à Dieu.

Et c'est ainsi que la route de Compostelle ravive ta foi éteinte ou ta défiance dans le spirituel. »

— Mais Maître, l'interrompis-je, qu'est-ce qu'une foi véritable, ne faut-il pas lui préférer le doute et le rejet du sacré ?

Jean fronça les sourcils, comme si cette question était interdite. Il mit plusieurs jours à se décider avant de me répondre.

— Un livre sacré affirme de façon juste et parfaite que *la foi véritable est quelque chose qui surgit dans le cœur et dont la sincérité se vérifie par les œuvres*. La route alors devient une retraite spirituelle itinérante. Alors tu deviens ermite en mouvement perpétuel au milieu des autres. C'est de la sorte que dans le pèlerinage, tu crées ton ermitage. Ce lieu est un promontoire qui domine nos tourments. Entre ravin et falaise, entre falaise et précipice. Je me souviens d'un pèlerin québécois qui me dit un jour qu'il ouvrait la porte de son cœur à Dieu peu à peu, au fil de sa marche, alors que blindée, grillagée et bardée de barbelés, elle avait été fermée à mille tours durant toute sa vie.

Ainsi, pour tout te dire en quelques mots, si tu veux examiner l'éventualité d'un Dieu, tu dois imaginer un créateur. Et c'est en examinant les merveilles de ses réalisations que tu pourras le juger et le suivre, ou bien t'en écarter. Car, à n'en pas douter, il est probablement à l'image de ses œuvres. Et si tu veux l'approcher, il faudra te faire intime de la création. Alors seulement, tu pourras jeter tes conclusions au Ciel. Tout édifice a besoin d'un architecte. La nature n'est pas au rang des élaborations des Hommes. Ainsi, à moins de nier toute logique, tu ne pourras que convenir de la survenance d'une force qui les dépasse. L'itinérance pèlerine te gratifie, car chaque nouveau paysage est une récompense de l'effort. Et de même, elle te permet de constater les beautés constamment renouvelées du géniteur universel de toute vie. Il faut voir son doigt et admirer ses traces. Et le pèlerin, quelles que soient ses croyances sait voir cela. Et il fait ce qu'il veut de cette vision de l'universel !

À l'évidence, il en déduit ce qui lui plaît. Et c'est beau ainsi, car cela les conduit toujours plus loin vers la vérité universelle, celle qu'on ne peut nier sans verser dans la folie. Et cela est bien renversant. Et si la science vient tenter parfois de la concurrencer, elle n'est qu'utilisatrice de règles déjà fixées par cette force supérieure. L'Homme a créé des machines qui volent en utilisant les matériaux et les règles physiques du créateur, mais jamais il ne réussira à prolonger son corps par des ailes. Le vivant ne lui appartient pas, toujours il se cantonnera dans son destin de perpétuel survivant, prisonnier de sa fugacité terrestre et de sa mortalité programmée.

Si sur le Chemin quelque pèlerin te dit que le torrent que tu vois là n'a point de source, tu sauras lui parler du créateur et lui montrer combien sa ligne voudrait que les Hommes assassinent les Dieux dans une idéologie parricide dénuée de sens. Ni les lois de la nature ni les extraordinaires capacités du vivant n'obéissent aux règles des Hommes. Le reste, à ce sujet, n'est que douce fantaisie. Mais il est vrai et c'est une constante terrible : le Ciel demeure muet à nos actes et à nos pensées. Du moins en apparence, du moins par les cinq sens habituels. Dans un monde où tout est mécanique, réplique et polémique et où la tyrannie du bruit se place au pouvoir, on l'imagine donc absent. Or il ne l'est pas. »

LA ROUTE VERS SOI

À force de réflexions sur ses enseignements, je saisissais enfin pourquoi le Sage ne se lassait pas de regarder les pèlerins passer : pour se réconcilier avec les Hommes, il faut peser leurs agissements et ne s'entourer que de ceux dont les graines semées germent dans le cœur des autres. Et ce n'est pas parce qu'on n'agit pas qu'on n'œuvre dans le bien ni qu'on n'est innocent.

Un jour de grande pluie, j'étais rentré de l'école trempé jusqu'aux os. Ces torrents d'eau ne m'avaient pas gêné. Au contraire, j'avais sauté à pieds joints dans les flaques d'eau et remercié le ciel de l'abondance de la moisson qui viendrait, car la sécheresse la compromettait jusqu'alors. Les autres passants fuyaient l'averse tandis que je l'accueillais à bras ouverts brandis vers le Ciel. Alors, ainsi mouillé des bienfaits de l'eau nourricière, je courais m'asseoir sur notre banc de sagesse aux côtés du gardien du Chemin. Puis j'interrogeais Maître Jean sur ce mot dans lequel il semblait mettre des solutions et qui m'était inconnu :

— Mais qu'est-ce donc qu'un ermitage Maître ? »

Alors le Sage m'expliqua.

L'ermitage ? Mais c'est la sérénité Petit homme. Ce mélange de havres de paix, entre oasis et port d'attache, entre solitude de la tanière et antre de tout ce qui t'équilibre. C'est le coffre de tes secrets intérieurs et le repaire de tes envies. C'est pourquoi, vois-tu, le randonneur du départ devient vite ainsi un marcheur du doute. Il se surprend à invoquer en ne regardant plus ses pieds, mais en levant les yeux. Et le voilà assidu à la messe des pèlerins qui jalonne chaque étape et qui ponctue son voyage sur le champ des étoiles. Et en ligne avec là-haut, chaque rencontre s'érige en signe possible du Ciel. Et dans cet autre qui chemine à tes côtés, tu peux puiser des leçons essentielles de vie, car tu ne sais si c'est un anonyme ou si c'est quelque être sacré.

Qui sait, est-ce un de tes proches réincarné qui marche sur ton côté, ou un simple porteur de message dicté par des défunts qui t'aimaient, ou bien est-ce l'apôtre en personne qui t'accompagne ?

De fait, les mots que te donnent des inconnus sont des mystères qui te sont révélés et tu ne sais si c'est le hasard qui guide ta rencontre ou si le doigt du Ciel te livre des secrets essentiels. Et ces mots sont souvent des clés pour la compréhension de tes embarras. L'autre devient le guide qui conduit aux solutions, comme un passager clandestin du champ des étoiles qui te retransmet des missives divines. À cause de cela, chemin faisant, le coup du sort se fait signe suprême et la coïncidence devient miracle. Comme si la volonté *suprême,* venue d'en haut, semble pouvoir jaillir au prochain virage, au bout de la prochaine côte, au sommet de cette colline qui ruine mes chevilles de ses gravillons et de ses ornières. C'est alors que l'on voit sourire les statues sur son passage. Elles semblent s'animer quand tu les fixes. C'est alors que les cathédrales parlent aux consciences. Et dans l'interprétation de ces signes, des interrogations fusent, des certitudes s'égarent, et des esprits s'ouvrent. Et c'est sur cela que chacun, croyant ou incroyant, se rejoint. La magie du Chemin les investit l'un et l'autre. Là, il y a fusion de toutes les convictions. Là se fait un accord harmonieux entre tous pour s'ouvrir au futur, sans tout y miser, et sans se fermer au passé, sans rien oublier. Que le Ciel soit ou pas dans le cœur du pèlerin, la Grande Route de Saint-Jacques-de-Compostelle est celle de la quête de l'intériorité, un voyage dans l'intimité.

Le pèlerin va vers lui-même ! Il creuse en direction des racines de ce qu'il est. Tout comme l'arbre, l'Homme a besoin de nutriment au fond de lui. Il a besoin de nuit pour apprécier le soleil. Il lui faut du froid pour aimer le chaud. Il a besoin d'entendre le chant des oiseaux de l'aube pour accepter les rudesses de la sélection naturelle qui se déchaîne une fois la nuit tombée quand les espèces se transforment en prédateurs.

Dans l'Homme, quand s'ébranle l'envie de sens, alors commence la vie spirituelle. Quand il se met à donner de l'intérêt à la connaissance qu'il a de lui-même et qu'il se surprend à observer et à méditer, commencent les vrais choix. Alors le voilà réellement responsable ayant vaincu les règles de son univers clos qui tentent d'anéantir toute vie intérieure intense. Il repousse cette *conspiration* par la recherche de l'inspiration personnelle. Il prend sa liberté avec les processus d'agglutination et de consommation de son quotidien. Il quitte ce monde profane de l'accumulation en direction d'un monde plus sacré de délestation. »

Alors le Maître se tut et à cet instant, un pèlerin suisse vint s'avachir sur notre banc de pierre. Je saisissais désormais que tous ces jacquets bariolés de couleurs et de songes cherchaient un abri pour leurs peurs et une flamme pour l'espoir. Et qu'ainsi cherchaient ici ceux qui avaient perdu quelque chose. Et que de là venait leur imperfection. Ils étaient perdus ou avaient perdu, et c'est dans la latérite de notre terre aride qu'ils venaient se raccommoder.

— Père Jean, lui dis-je, comment puis-je lutter contre l'imperfection ? »

Alors notre naufragé suisse, à bout de souffle et de peine, tout transpirant et dégoulinant, se mit à rire aux éclats ! Il répondit avec précipitation à la place du Sage.

— Tu m'as l'air bien innocent mon Petit, car ces choses-là ne sont pas de ton âge. Il est incroyable qu'aussi isolés que vous l'êtes ici, vous vous mettiez à réfléchir sur ces choses-là alors que vous vivez dans une pauvreté totale. Moi je n'ai trouvé sur le goudron des routes de Navarre que des ampoules au pied et des aubergistes arnaqueurs. Si tu veux sortir de l'imperfection, commence par sortir de ta misère. Pars à la ville y gagner de l'argent. Arrête de te poser des questions et travaille ! »

Le Maître sourit. Mon envie de répondre pour expliquer avec une certaine force que nous n'étions pas pauvres fut aussitôt arrêtée par son regard… Le Suisse se sécha avec un immense mouchoir carroyé qui, visiblement, n'en était pas à son premier ni unique usage. Il me tendit sa gourde vide que j'allais aussitôt remplir à la fontaine à pompe de la maison. Puis il tourna les talons, content et satisfait de nous avoir donné un précieux conseil. Alors le regard de mon mentor, accompagné d'un petit coup de menton m'invita à m'exprimer. Je mis du temps à la prendre cette parole tendue. J'avais bien compris qu'il me faisait passer une première épreuve. Enfin mon sourire accompagna celui de Jean : eurêka ! Et je déclarais une de mes premières paroles sensées, dont je ne fus pas peu fier.

– Maître, j'ai compris au moins une chose avec ce Suisse *humide*, c'est que ce n'est pas la perfection qu'on doit viser dans la vie, mais le perfectionnement. Sur notre Grande Route, ainsi, ce n'est pas la destination finale qui est l'objectif, mais bien la voie qui y conduit. Surtout parce qu'elle est une perpétuelle remise en question. Surtout parce qu'elle est une prise de risque permanente. Le pèlerin n'est jamais sûr de repartir le lendemain. Une plaie mal soignée, une entorse sur un caillou et c'est le rapatriement, la défaite, la déroute totale ! Si on croit avoir atteint la vérité, nous voilà sortis de la voie du doute. Et sans le doute, il n'est point de perfectionnement. Sans le doute, on érige des tours à l'arrogance ! »

Le Sage opina de la tête. Victoire !!! Je devenais enfin un peu sensé !

– Oui, reprit-il, ceux qui croient avoir atteint la perfection ne sont plus éperonnés par la recherche du bien. Et c'est par suite qu'ils se font la proie du mal. Mais poursuivons cette idée au-delà de l'horizon, elle n'est qu'un début. »

Et il plongea dans un nouveau long silence que seul le bâton des pèlerins qui passaient vint bercer. Le silence change les êtres.

Le soleil se faisait maintenant plus haut dans le ciel et la chaleur, peut-être, redonna la parole à Jean.

— Tu l'as vu un peu avec notre Suisse, tout être sur la voie de la sagesse conviendra qu'il y a en lui des forces de générosité qui côtoient des forces de fermeture. Il y a du bon et du moins bon en chacun de nous et l'équilibre qui les rend supportables est fragile. Il est pourtant vital, c'est la quille du navire de l'espérance et de la réconciliation. Si tu chavires, la vie te quitte. Si tu la rejettes, la vie s'en va à petit feu. Alors le suicide guette et certains sombrent.

Le pèlerin erre sur la Grande Route pour ne pas laisser ses erreurs ou ses imperfections définir ce qu'il est. Parce que ce qu'on a été n'est pas forcément ce que l'on est et encore moins ce que l'on peut devenir. Là est le bon sens du perfectionnement, celui du mouvement perpétuel.

— Maître m'écriais-je, je crois comprendre que le Camino pardonne tout, est-ce vraiment ça ?

— Ce n'est pas si simple mon Petit, rétorqua la Sage, mais il y a un peu de cela.

LES PÈLERINS DE TOUS LES POSSIBLES

Le Sage se retira pour se rafraîchir, car le soleil était désormais haut et inondait de lumière notre banc, puis, rassasié, il reprit avec enthousiasme.

— Le Chemin est une option possible pour obtenir une deuxième chance, plus précisément une dixième chance supplémentaire. Il s'impose comme solution lors des tournants de vie, quand le temps de la réflexion doit venir gérer des moments clés de l'existence. Pour comprendre les Hommes, il ne faut guère les emprisonner dans des catégories, chacun est unique, la catégorie le simplifie alors qu'il est compliqué. Les pèlerins peuvent se classer en fonction de leurs manques, et certains accumulent ces vides de l'imperfection.

Pour les plus chanceux, l'appel vient consacrer une retraite, un moment privilégié écartelé par le sentiment d'inutilité et l'impression d'être face à un grand vide. Pour eux, la liberté est un abîme qui fait peur. Ils doivent repartir à zéro le jour de leur pot de départ, quand ils en ont eu un. Toute une vie d'investissement se termine là, dans un précipice. Le Chemin est pour eux celui d'une jeunesse révolue, d'un déclin qu'il faut surmonter, et d'un vide qu'il faut combler. On enterre vivante leur utilité dans le groupe. Ils étaient experts, ils deviennent exclus. Ils reçoivent un *bon pour la casse*. Direction, pour eux, le cimetière des éléphants. Dehors ! Les voilà chassés de la quête de l'argent préoccupant notre Suisse. Certains voient bien que c'est une chance immense que de disposer enfin de temps. Pour d'autres, ce temps est comme un grand chronomètre qui mesure les heures jusqu'à leur fin prochaine. On vient de les conduire dans le couloir de la mort et ils attendent le bourreau. Ils vont alors vers Saint-Jacques pour scier les barreaux de cet enfermement dans l'inutilité. Leur seconde chance, c'est la quête d'un nouveau souffle de vie. Le chemin devient une rupture en forme de tremplin, car leur équation est facile : attendre la mort ou se trouver un nouveau sens. Le retraité vient trouver des grigris *contre* cette malédiction du temps fini. Et pour beaucoup, ils réussiront à gagner contre leur date de péremption. Ils bougeront les chiffres. Ils viendront en hommes périmés, repartiront en citoyens rénovés. Ils auront compris qu'après avoir œuvré pour gagner de l'argent, ils doivent persévérer dans l'action pour semer des avenirs, en vivant fort ! Ils étaient dans l'engagement, ils devront se créer un futur par le réaménagement de leurs équilibres. Par l'allègement aussi, car les moteurs de la vie ne sont plus forcément l'argent ou l'ambition. Il faut les trouver ailleurs, au risque de tomber en panne sèche. Mis à l'écart du partage social, ils vont parfois s'investir dans le partage moral.

Mais avant cela, c'est le doute qui s'impose et souvent sur le Chemin toutes ces interrogations se posent. Une fois trouvées les bonnes questions, les bonnes réponses arrivent vite. Alors Compostelle peut devenir le rituel de deuil d'une tranche de vie professionnelle dont on a perdu tous les avantages d'ego et de position. La retraite est une humilité forcée. Elle est un passage, pas un barrage, pas un naufrage. Elle avise les êtres légers qui se croient immortels de leur fin programmée. Le vieillissement alors s'impose à eux comme une étape et une chance. »

Le Maître, presque essoufflé, marqua une pause et j'en profitais pour lever un de mes doutes.

— Le Camino est donc la voie des chanceux vénérable Jean ?

— Pas exactement petit sage, répondit-il. D'autres sont moins chanceux. Ils veulent mettre un peu d'ordre dans leur vie afin de ne pas se trouver totalement perdus. Ils n'ont pas non plus de repères. Tu l'as vu à plusieurs reprises n'est-ce pas ? À leurs yeux, le gouffre du vide se fait une promesse de dépression ou d'égarement. Toute transition personnelle est difficile. La Grande Route accompagne gentiment ses virages et ses incertitudes. Elle change ses ouailles. Oui, c'est là qu'est le message des forces de l'esprit et des âmes : la poussière du périple facilite le changement, elle aide à tourner les pages de la vie. Souvent ces pages se figent quand les cœurs sont pétrifiés de douleur. Une séparation, une déception, un divorce, et le déchirement transforment l'être en pèlerin.

On va aussi croiser des fantômes qui traînent leurs misères suite à un licenciement. Alors le professionnel vient casser le personnel, parfois jusqu'au passionnel. Il est rare que ces pèlerins-là avouent leur statut de rejetés du système. Le chômeur en transition a besoin de reprendre confiance, d'y croire encore. En marchant, on retrouve espoir. En croisant pire que soi, on se fait plus fort. Et puis sur le Chemin la rencontre lui permet de continuer à se socialiser. Et les sourires viennent répondre à son manque de travail. Il reste humain grâce au but commun compostellan.

— La chance n'y est donc pour rien Maître ? dis-je, et pourtant mon père affirme que dans la vie elle fait tout, elle est tout. Et que si on en manque on perd, et que si on en a on gagne ! Est-ce vrai ?

— Pas exactement mon Fils. On confond souvent la chance, la providence et le fruit de ses efforts expliqua le Sage. On confond le sens, les astres et le destin ! Il y a des chances du Ciel et des chances ignobles, il y a la chance antique, cette vertu du talent transformé en triomphe, et la chance de la grâce, celle qui abaisse tous les obstacles pour nous faire réussir même quand tout semble perdu. Sur les pierres acérées et les pentes abruptes du Camino, il n'y a pas de chance, mais du choix et une quête. Regarde, le Camino est également la piste des inactifs qui cherchent. C'est une voie de chercheurs qui ne savent quoi chercher ni où. C'est une voix d'égarés qui se retrouvent entre eux et qui vont finir par festoyer ensemble ! Ils s'aperçoivent aussi rapidement qu'il y a pire situation que la leur et qu'ils disposent à outrance d'une richesse qui manque cruellement à d'autres : la santé et le temps. En effet, combien de malades pèlerins ai-je croisés ? Combien ai-je vu de ces âmes en phase terminale qui viennent attendre de la voie des étoiles, le miracle du rétablissement ou parfois même la mort sur un lieu Saint ?

Le pèlerinage ancestral était souvent lié à la mort et bien des pèlerins allaient jusqu'à Saint-Jacques pour faciliter le passage des morts vers le Paradis. On venait là se faire l'avocat de la cause du pêcheur ou de la pécheresse décédée afin que le purgatoire ou l'enfer leur soient évités. On venait transporter leurs cendres jusqu'au bout de la terre, pour que l'Atlantique lave les oripeaux du pèlerin et en même temps engloutisse la peine du deuil. Face à la perte d'un être cher et l'obligation d'accepter son absence, le bâton de pèlerin pouvait se faire le baume de l'âme. C'est toujours vrai !

Mais tu sais, on rencontre aussi des coupables, des illuminés, des randonneurs, des sportifs et des profiteurs des facilités logistiques de la route. Tous ces imposteurs du recueillement ne restent pas longtemps des passagers clandestins de la Grande Route. Celle-ci va les rappeler à son bon souvenir. Quand vont s'enchaîner quelques rencontres formidables et quelques coïncidences perturbantes, ils reviennent dans l'axe de l'apôtre : celui du doute et de la conviction !

La réalité va les rattraper, parfois en leur apportant un réconfort bien au-delà de leurs espérances, parfois en les éprouvant. Alors tous pérégrinent pour étancher leurs douleurs, pour panser leurs plaies et ne pas prendre de décisions précipitées avant de donner une nouvelle orientation à leur existence. Tous sont dans un grand besoin de parler, de se confier, d'écouter, de partager, même si au départ leurs consciences se focalisent sur la meurtrissure plus que sur son origine. La Grande Route les rend plus forts et, parfois, transforme leur vie. Leur monde moderne rend le bien-être matériel facile, mais rend le mal-être immatériel cruel. Cela engendre un manque gigantesque d'échanges et un considérable besoin d'écoute inassouvi. Le Chemin rallie à lui tous ceux qui sont alourdis par le passé et angoissés par leur avenir. Il devient à travers eux la Voie des désœuvrés et des désorientés en recherche d'espérance. Et le premier signe positif qui leur sera envoyé se trouvera dans les liens d'entraide et les échanges avec leurs semblables. La route vers Compostelle se transforme à travers eux en Voie de ceux qui ont autant de leçons à recevoir que de reproches à formuler. »

Le Sage s'interrompit, ébloui par le soleil qui maintenant se rapprochait de l'horizon.

— Si je comprends bien Maître, toutes ces personnes, qui pour certaines, ont traversé les mers et les continents pour arriver jusqu'à nous, sont des marginaux perdus et ils croient retrouver leur Chemin ici ?

— Oui mon Enfant, répondit Jean, ces personnes se mettent provisoirement en marge. Elles quittent leur trajectoire pour aller dans les marges de leur monde, elles font un écart pour mieux revenir sur leur ligne. Chacune avec leurs imperfections, comme dans la vie, tu l'as constaté. Parmi les pèlerins, il y a ceux que tu salues et qui ne répondent pas, ceux qui ne te voient pas, mais qui t'observent par dessus l'épaule, ceux qui parlent seulement si tu leur parles, ceux qui provoquent des hasards pour t'aborder, ceux dont le regard se perd et réclame une bouée, ceux qui te souhaitent *Buen Camino*, ceux qui te voient passer devant l'auberge et qui tapent au carreau pour t'offrir un café, ceux que tu revois continuellement et qui te fêtent comme un ami de toujours quand tu les croises. Il y a ceux qui ont des conversations de randonneur, ceux qui parlent en pèlerin, ceux qui nous parlent des autres pèlerins, ceux qui ont des intentions de ferveur, ceux qui ont des intentions de festoyeurs. Il y a ceux qui t'aident, te soulagent, te soignent les ampoules, t'offrent un bout de chocolat ou partagent leur repas frugal. Mais il y a aussi des donneurs d'ordre, des donneurs impitoyables de leçon, des insatisfaits permanents, des commentateurs pas flatteurs, des embrouilleurs, des perturbés qui tentent de se noyer avec tous les autres, des incapables de voir et des *encore moins* capables d'écouter. Il y a tout cela, la lumière du jour et les ténèbres de la nuit. Et la lumière la plus vive ne peut illuminer que ce qui est à sa portée. Et l'obscurité la plus sombre ne recouvre que ce qui n'est pas sorti du néant par l'étincelle. Et toi, jeune sage, comment serais-tu demain pour ceux qui passent au bord des sentiers de Santiago ? C'est la question que tu dois te poser. Quel type de pèlerin d'humanité veux-tu devenir ?

— Quel grand mystère pour moi, Maître, répliquais-je, mais cette longue marche vers eux-mêmes les rend-elle vraiment meilleurs ? »

Alors le Sage leva les yeux au Ciel et rentra en lui-même pour fourbir une réponse à cette interrogation naïve, mais si fondamentale.

— Nous verrons cela demain s'exclama-t-il, voilà que le soleil disparaît sous l'horizon, et la réponse à ta question exige bien des lumières. »

Alors que la nuit avait pu porter de la paix à Maître Jean, à peine l'avais-je rejoint le lendemain matin sur notre banc de pierre qu'il commença.

— Comment puis-je savoir si je suis meilleur aujourd'hui plus qu'hier, peux-tu me le dire ? Moi je ne sais pas répondre. Il faudrait que je sois à la fois juge de peine et partie accusée. En revanche, il m'est plus aisé de convenir que la Grande Route fait avancer. Plus sûrement aussi, je peux imaginer qu'elle aide des gens asociaux ou décalés à rejoindre une normalité. On peut même convenir qu'elle permet à des gens exécrables de se socialiser en bénéficiant de la confiance permise par les premiers instants d'une relation naissante qui sera sans lendemain. Car en marchant vers Jacques, tu le sais, chacun parle à tout le monde. Il est de règle que tout pèlerin se tutoie. On ne vient pas sur nos sentiers des étoiles bardés de son statut ou de ses privilèges.

La seule hiérarchie qu'on connaisse, c'est celle de la distance de marche. Le pèlerin parti de Berlin est un géant et celui qui décolle pour les seuls cent derniers kilomètres n'est qu'un nain. On s'égalise par la peine investie dans la durée de l'effort. C'est lui qui élève, ce n'est ni l'argent, ni le pouvoir, ni les fanfaronnades. Et par suite vois-tu, pour le reste, le pèlerin demeure l'égal du pèlerin. La rencontre se fait facile quand tous vont dans le même sens avec la même peine égalisatrice qui use les chaussures et apure les âmes. Alors le temps, d'une minute, d'une heure, d'un soir ou d'un peu plus, les voilà ces insupportables personnages redevenus acceptés.

Chacun accueille chacun avec la certitude que le lien qui se crée ici peut être rompu à tout instant, en toute impunité, sans enjeu ni justification, en vraie liberté. Alors ainsi posées, la règle, la confiance des premiers instants peuvent être plus aveuglément accordées. C'est une rencontre de pêcheur à confesseur ou l'un et l'autre alternent les rôles en fonction de leur besoin. »

LE CHEMIN REND MEILLEUR ?

Tout cela je l'entendais, mais mes interrogations restaient encore sans réponse.

— Maître dis-je, mais que faut-il faire alors pour être meilleur ? »

À force d'insister, il voulut bien éclairer mon innocence.

— Pour devenir meilleur, il faut changer son monde, et si le Chemin change probablement ceux qui l'arpentent, il ne change pas le terreau dans lequel plongent leurs racines. Une orchidée plantée au pôle Nord fleurira sur le Camino, mais continuera à se glacer dans le givre et les gelures quand elle retournera dans sa banquise.

Et il faut le reconnaître, tout comme dans la vie, on rencontre des pèlerins dont il faut vite se séparer. Car pour s'épanouir dans l'échange, il faut fuir les *puiseurs* de vie, ceux qui viennent assécher ta source de joie et de clarté. Ces sombres acariâtres jettent des ombres comme on lance des sorts. Ils brouillent l'eau claire. Désagréables, ils parlent pour ordonner sèchement, pour donner des leçons, pour reprocher, pour démontrer leur supériorité. Ils ne sourient que pour profiter abusivement d'une naïveté, d'un partage de pain ou d'un échange de confidence. Tu les reconnaîtras facilement, ils n'agissent que pour épuiser impunément. Mais cette imposture ne dure qu'un instant. Ils se forgent de faux parcours personnels et s'inventent des vies meilleures. Mais ne les blâmons pas, la sympathie d'un instant qu'ils reçoivent en retour a un effet qui les rend meilleurs. Elle les revalorise et les maintient en vie. Seul ce travestissement vis-à-vis d'eux-mêmes permet d'accepter le présent. Ils sont en représentation permanente, mais leur théâtre personnel itinérant ne leurre que ceux qui le veulent bien. Ou que ceux que cette superficialité relationnelle satisfait. Après tout la virginité retrouvée au travers de l'anonymat allège les âmes, et le pardon est facile face à ce déguisement. Quoi qu'il en soit, le lien se fait en fraternité. Cette facilité n'existe pas dans le vrai monde. Elle n'est pas profane et je lui trouve des vertus sacrées. Alors peut être que le chemin rend meilleur, mais il est sûr que tous ceux qui l'empruntent ne sont pas forcément des gens biens *sous tout rapport* comme les normes civilisées le disent. Et de tout temps il en a été ainsi : chacun a sa place dans la quête d'amélioration de soi. Certains partent de plus loin qu'ils ne l'imaginent sur le plan moral. Respectons-les, mais fuyons-les !

— Comment expliquez-vous alors, Maître Jean, qu'il y ait tant de pèlerins qui reviennent constamment chaque année refaire un chemin de Compostelle ? Si le Chemin les rendait meilleur n'iraient-ils pas tenter de progresser ailleurs et autrement dans leur vie ? »

Le Sage acquiesça.

— Tu as raison mon Petit, mais la longue marche vers Saint-Jacques est un paradis pour lutter contre la solitude. Il est un refuge tant pour reprendre la main sur une vie que l'on ne maîtrise pas, et dont le quotidien est pesant, que pour s'offrir des chances d'amitié. Peut-être est-ce un des motifs d'existence de ces âmes *perdues* de Compostelle qui reviennent constamment sur le Chemin. Comme si pour eux, celui-ci n'avait pas été suffisamment long et fructueux pour les faire changer. Alors ces pèlerins à répétition récidivent tant qu'ils le peuvent sur le Chemin. Ils redoublent afin de poursuivre la magie relationnelle et spirituelle de leur première expérience. Ils veulent continuer à s'interroger. Je t'en reparlerai. »

Et le Sage s'assoupit tandis qu'un pèlerin vient s'asseoir à côté de nous pour relacer ses chaussures. Il repartit en me disant.

— Ton grand-père est inquiet, rassure-le ! »

Alors quand Jean se réveilla je lui demandais aussitôt :

— Maître, êtes-vous inquiet ? »

Et sa réponse me surprit une fois de plus.

— Non petit homme, pas vraiment, mais je m'interroge, car je suis un homme du chemin. Je voudrais être celui qui ouvre sa porte, qui accueille les bras ouverts, qui partage sa table et les festins qu'il a reçus de la vie, qui offre le gîte et les pépites de son cœur. Et cela, ce n'est pas œuvre facile. »

— Qu'est-ce donc, Maître, un homme du Chemin ? » demandais-je.

Le Sage me l'expliqua.

— Si tu veux vivre en homme du Chemin, il est vital que tu ne cesses de t'interroger. Car c'est ainsi que tu iras saisir les étoiles filantes. Car la question permanente est celle du vent propice à la joie de la découverte. Et seule la constance dans cette curiosité du cœur fait approcher l'éternité. Le chemin n'a de sens que par la joie qu'il procure. Simple. Choisie. Délestée des soucis. Et c'est ainsi que tu te fais juste, par la connaissance et la joie. On ne naît pas Homme juste et en joie, on le devient par les questions posées au vent. Car l'esprit ouvert, lui seul, repousse les horizons, comme ces êtres égarés qui marchent incessamment vers l'Ouest. Les pèlerins font reculer à chaque pas leur horizon limité. Ils avancent vers leurs limites et celles-ci en sont repoussées par leur courage et leur abandon à la quête. Leur vie commence ici, quand ils ont conscience d'appartenir à cette grande famille d'humanité en marche qui repousse ses limites par la sueur et l'obstination. Et c'est ainsi qu'on peut voir qu'au commencement de toute chose vertueuse, il y a le courage.

— Le courage et la persévérance, Maître, dis-je, car pour qui se trouve comme moi sur les bordures du Chemin, on croise des égarés et des êtres perdus certes, mais qui sont pugnaces dans l'effort, ils font face à lui !

— Je te l'accorde mon Fils, pour beaucoup en apparence cela n'a pas de sens, mais ne juge pas avec les yeux, juge avec le cœur ! Chaque jour que fait le Ciel, les pèlerins cherchent, ils partent à la rencontre d'une autre voie dans leur vie. Et ce choix est difficile dans le brouillard. Mais comme ils cherchent, ils trouveront, c'est certain. Parfois il faudra du temps. Parfois non. Seuls ceux qui abandonnent la quête ne trouvent pas. La solution est dans l'imagination. Le meilleur y sommeille. Si leurs pieds battent la poussière, crois-moi, leurs esprits battent les poussières de l'imaginaire, avec leur espérance. Un pied sur le chemin, un autre dans leurs pensées, ainsi ils avancent dans la bonne direction, celle de l'universel. L'universel est dans le partage, la réconciliation et l'adaptation à toutes les formes d'humanités. C'est la grande acceptation du choix de tous, à commencer par celle de soi. Nul savoir ne permet de tout comprendre. Nul raisonnement ne permet de sonder la plénitude de la sagesse sans la connaissance de soi même. L'acceptation donne à certains verbes les clés du sens. Et certains disent que ces verbes sont : observer, comprendre, accepter, partager, pardonner, et construire. Et il en est d'autres qui affirment que c'est en fonction de tout cela qu'on détermine la destinée.

Et tout cela me poussait à enrichir ma quête de sagesse et à conclure que le savoir me semblait bien futile par rapport à l'importance de l'être. Car quand on observe, comprend, accepte, partage, pardonne, et construit, on est dans l'être et pas le savoir. Pour grandir, il fallait donc apprendre à accepter la puissance du doute, il fallait remettre en question les doctrines, les concepts, les prêts-à-penser idéologiques et les certitudes adultes. Il faut donner du poids à son propre entendement pour être libre et ne pas subir. En se faisant propriétaire de sa pensée, on reprend possession de son action.

Après quoi, les miracles deviennent possibles. Je compris que le doute est le parvis de toute tolérance. Il donne de nouveaux regards, de nouvelles références, il dessine de nouveaux paysages. C'est de la sorte que la pensée s'enhardit pour voir jusqu'à l'horizon, un peu plus loin que le quotidien. Et il faut beaucoup marcher pour atteindre ce qui parfois est proche, à nous frôler.

Et le maître poursuivit.

— Le pèlerinage des temps de jadis était un voyage de fidèle vers un lieu de dévotion. Il était un moyen d'expier ses péchés et de solliciter des faveurs pour une guérison. Les espoirs de miracle étaient grands. Le fidèle se montre moins assidu maintenant, la dévotion a reculé devant l'incompréhension. On ne croit plus que ce qui est démontré. Par défaut de preuve, on va dans les illusions, d'incertitude en incertitude, construits pour ne croire plus que dans la chose matérielle. On voit si bien la lune qu'on croit pouvoir la décrocher du Ciel en tendant la main, on est si précis dans sa position satellitaire qu'on imagine ne plus pouvoir se perdre. Alors la vie creuse des fossés, et les volontés se heurtent aux murs des impasses, et alors en croyant se mettre sur trajectoire en courant après le succès, on crée ses propres labyrinthes, on devient captif de toiles d'araignées tissées dans la recherche de la supériorité.

— Mais Maître, dis-je, que d'âmes en peine errent devant nos yeux, comment leur porter assistance ? Est-ce que le Chemin guérit ?

Et le Sage murmura.

— Sur la Grande Route chaque pas se fait protocole de guérison contre l'injustice du monde, contre l'incompréhension et la misère de nos conditions humaines de perdus de naissance. Chaque pas se fait une forge ardente de la volonté. Chaque pas tambourine le sol de ses envies d'espoir. Chaque pas attise les ressources intérieures de générosité. Pris séparément, ils n'ont pas de sens évident, mais ils font sens quand on les additionne les uns aux autres, dans la linéarité du temps et la rudesse de l'effort. Le temps et la fatigue ouvrent alors une place au doute et au recueillement plutôt qu'à l'expression. Et les silences commencent alors à se faire plus nombreux, comme pour mieux signifier les choses. Et alors le pèlerin se mettra en route pour retrouver ce qui était perdu, pour se retrouver ! Le Camino, rassemble les égarés ! Vois-tu, termina-t-il, Compostelle et toutes les voies qui y mènent sont source d'inspiration, comme une grande école du plein air construite tout en long sur une route ! Une école du partage située hors de l'espace-temps de la routine et du confort, comme suspendu au-dessus du monde du quotidien. La route est un grand apprentissage. Et ce sont les enseignements de cette école qui nous remettent sur la bonne trajectoire, en courant après le sens et grâce aux vertus de l'humilité. En marchant, tout s'aplanit. En marchant, l'Homme pèlerin découvre le bonheur de la sobriété. Il se contente de peu.

— Peu ce n'est jamais assez Maître, peu c'est trop peu, repris-je.

— Au contraire, rétorqua Jean, peu c'est déjà beaucoup, c'est bien assez.

— Mais comment peut-on se suffire de peu Maître ? » répliquai-je.

Et Maître Jean murmura encore.

– Le Camino authentique n'est pas qu'un chemin de pénitence, c'est aussi un sacerdoce de dénuement. Mais il y a un peu de tout cela dans le sens premier du pèlerinage. On s'arrache à ses possessions en partant vers la fin de la terre. Aller voir Saint-Jacques suppose qu'on va se décharger de ses attributs de position profane ou matériels. On se met donc en situation de privation, c'est ainsi faire petite pénitence. Et quand tu quittes ta terre et tes proches, tout ce qui fait de toi ce que tu es s'évanouit et tu acceptes de te renouveler. Tes premiers pas sont ceux d'une nouvelle naissance. Ou plutôt d'une forme de réincarnation, car en te faisant homme neuf, tu ne perds pas la mémoire comme le suppose la rupture de la mort. Au contraire, tu la conserves pour créer autre chose, pour te reconstruire différemment. Et de la sorte, tu peux aller au-delà de toi-même, pour te découvrir différemment, pour recouvrer la mémoire de ton enfance et de ses rêves, tu revisites ton passé pour t'ouvrir des futurs meilleurs. Alors on arrive à parler enfin, d'abord à l'enfant qu'on était. J'en ai vu mille remonter sur les balançoires qui sont là sur la place du village, l'oser enfin, ce geste oublié depuis si longtemps ! »

LA MAGIE DU CHEMIN

Jean lissa longuement sa barbe avec délectation, comme s'il replongeait lui-même dans ses souvenirs d'enfance, puis soudain, alors qu'un pèlerin boiteux vint atterrir sur notre banc, il reprit le fil de son discours.

– En vérité, quand tu les vois passer là, sache qu'ils s'appauvrissent de l'accessoire au fil des kilomètres et qu'en même temps ils s'enrichissent de leurs fondations. Le pas en avant rend plus lourd le fardeau. Alors moins je possède et plus l'épreuve est facile. Le poids dont on charge un cheval de course s'appelle un handicap. De même, ici, en abandonnant son luxe et son confort matériel, le pèlerin sort de son handicap.

Un des mystères du chemin réside dans cela : il conduit à se suffire de peu. On y goûte au peu, peu d'affaires à porter, au peu de nourriture à gérer, au peu de confort, au peu de mécanique. On y goûte aux aléas de la météo, des rencontres, de tout. On y goûte à la crainte des épreuves de là-haut en espérant être sauvé par sa bonne étoile. C'est pour cela qu'on l'appelle aussi *le champ des étoiles* ce but final du pèlerin : l'espoir d'une étoile, la perspective d'une étincelle, la beauté d'une lumière allumée par la pénurie et le péril, aussi petits soient-ils. En ne s'entourant de rien, on s'aperçoit qu'on n'a guère de besoins essentiels et que l'artificiel peuple son quotidien. L'indispensable contient facilement dans le peu et le peu est voisin du sens.

L'indispensable est de penser, d'exister, de vivre, d'être soi, pas d'avoir. »

C'est alors que du bas de mes sept ans, commençant à devenir assagis, je compris que la Grande Route n'était pas une voie de propriétaires, mais bien un don accordé aux précaires. Et aussi éphémère que fût cette précarité, elle réparait ce qui était dévasté dans les tréfonds des pèlerins ! On reconstruisait donc les Hommes avec peu. La vraie corne d'abondance était donc bien dans l'être et non dans l'avoir ! Probablement qu'à force de chercher à avoir, certains n'auront jamais été. Le bien-être se trouve là, dans l'échange de l'Homme avec l'Homme, où rien n'est enjeu.

— Maître Jean parlez-moi de la magie du Chemin, dis-je encore.

Et alors, Le Sage à longue barbe commença.

— Il y a un brin d'ésotérisme sur les pierres et dans la boue du chemin. La poussière se fait poudre de *perlimpinpin*. Et le bâton du pèlerin se transformerait bien en bâton magique, le bâton d'Abraham qui fait jaillir l'eau et qui doute. Le bâton d'un maréchal de soi-même, qui enfin prend en compte ses impératifs de vie, dont les troupes seraient enfouies profondément en lui. Le pèlerin n'est ni magicien ni prophète, mais disciple du Chemin, il apprend de lui. Son parcours d'initiation est étroit et rude. Il se mérite, car il ne se dompte pas par quelques pirouettes verbales, ou des effets de manche ; là il faut du concret, le geste seul compte. Chacun dépose sur la piste sans fin son chagrin, ses prières, ses espérances, ses erreurs, et ses travers. Mais il est vrai qu'ainsi fragile, il peut tomber dans la magie. Mais il y a celle qui se fait douce et celle qui fait peur. Et je connais une forêt qui est un labyrinthe construit dans cette peur. Tu la retrouveras après Roncevaux. Rappelle-toi-le. Elle est d'un lugubre sans nom et d'une obscurité bravant les rayons de soleil. Elle te coince entre une falaise des maléfices et une pente fuyante habitée d'arbres monstrueux, supérieurement étranges. Si elle ne te fait pas croire aux fantômes, elle t'apprendrait à percevoir l'aspect mystique de l'itinéraire. Il n'est pas rare qu'on se sente suivi ou observé. Il n'est pas rare qu'on entende des pas et des craquements dans les sous-bois. Il n'est pas rare qu'on se demande si ce n'est pas que notre conscience nous parle si promptement, sans les détours qu'elle emprunte parfois à travers nos rêves ou nos lapsus.

Combien de fontaines magiques et de lieux sacrés n'y ai-je vus aussi ? Ces rites païens hérités de l'Antiquité et que l'oubli n'a pas asséchés. La route de Compostelle passe par le surnaturel, même les plus rationnels t'en parleront. Il y a du merveilleux dans la pierre du Chemin. Mais il y a de la chair dans sa glaise et du sang au fond de ses ornières. Les vols, les coupeurs de route de jadis, les pillages et les forçages, les guerres passées par la. Il y a aussi des paroles et des gestes qui forment des résurgences auxquelles tu ne peux qu'être sensible quand tu passes là en pèlerin de l'incertitude. Et le long de cette piste chaotique, où la pierre se marie à la terre, il est ce beau chemin semé d'épines et d'étoiles, si différent à chaque virage, si changeant à chaque nuage qui tamise le soleil. »

Le Sage Jean souriait, rayonnant d'envie. Comme si lui aussi voulait se mettre en chemin. Et voyant que je touchais là au cœur de ce qui pourrait me donner une raison assagie enfin de sept ans et plus je rejoignais l'enthousiasme de mon guide.

— Mais cela m'intrigue Maître, quels sont donc ces enseignements, ouvrez-moi aux mystères cachés, révélez-moi les secrets de Compostelle ? »

Le Sage allait encore me surprendre.

Il reprit ses murmures de sa douce et basse voix, comme s'il était toujours en train de lire ses pensées dans un recueillement assidu.

— Les secrets de sagesse ne se révèlent pas. Il en est ainsi des vrais secrets. Comme tout symbole, comme toute parabole, ils se devinent et se cherchent. Ils sont des lumières au loin qu'on n'atteint jamais vraiment, à la fois insondables, mystérieux et éclairants. Mais comprendras-tu jeune Innocent, que la sagesse m'est, en réalité, bien étrangère par nature.

Il faut que je l'avoue, elle ne me vient que des autres, de sorte que lorsque je m'écarte de mes frères et de mes sœurs, me voilà privé de la *bonne raison*. Qu'ainsi me voilà mis à l'écart des bonnes solutions quand je m'isole trop longtemps et que cette solitude devient un isolement, car l'enfermement étouffe et l'échange aère. Alors confiné dans mes reliefs les plus sombres, je suis dans la souffrance du porteur de mépris, alors je m'égare dans de fausses logiques, prisonnier de mes passions, piégé par ma volonté de forcer les passages et de cacher les dégâts que causent mes erreurs de jugement. Quand tu es dans le désarroi et pétri de doutes, mille encyclopédies ne suffiraient pas.

Quand tu as touché au sens du Chemin qui parle au travers des autres, une seule parole peut être suffisante. Rappelle-toi que quand tu te retires en toi-même, tu te retrouves un temps et tu te perds ensuite. À moins que ta solitude ne devienne un lieu de conversation intense avec soi. Je ne suis qu'un coupable permanent que la Grande Route rend raisonnable, car le pèlerin y traîne ses erreurs. Les doutes des autres et leurs souffrances en marche savent tracer en moi de sages certitudes. Tu devrais les suivre aussi. C'est ainsi.

La sagesse n'a pas d'âge, ni de barbe, ni d'apparence, elle sort de cet autre dont coutumièrement tous se méfient.

Elle est en moi une strate déposée par chacun de ceux qui échangent avec nous une parole, un regard, un sourire, une moue, une grimace. Tu as bien vu qu'il existe une proximité touchante et sincère entre les pèlerins ; et en même temps une distance faite de pudeur. On se rencontre par un prénom, une nationalité et un point de départ. Des regards, des mots et des gestes s'apprivoisent alors. On se choisit, plus ou moins, parfois maladroitement ou abruptement. Alors le dialogue se poursuit ou se rompt. Il y en a certains qu'on ne croise qu'une fois, d'autres plus souvent, d'autres enfin qu'on reverra tout le temps. Comme si on se ressemblait, si ce n'est dans la quête du moins dans le rythme des jambes. Parfois, on voudrait les éviter. Mais ils sont là pareils à des miroirs. Reflet de sa perfectibilité. Des affinités créent aussi des groupes, souvent hétéroclites, toujours joyeux et bruyants ! Tu as pu le constater.

Ces liens-là sont sacrés, ils tiennent plus du merveilleux que de l'humain, car ils s'ancrent dans le hasard et les concours de circonstances. Leurs mots portent plus que les autres. Ils ouvrent les yeux sur des évidences qu'on refusait d'accepter, sur des choses qui ne me conviennent plus, sur des entêtements vains, sur des pages de vie à brûler ou à ressusciter, sur tout… L'écoute des autres est précieuse, comme animée par des forces magiques. Chaque mot, chaque geste, chaque regard est juste, parfois trop. Il en est ainsi dans la vie. Car si tu veux te comprendre commence par comprendre cet autre qui rentre en lien avec toi. Et ainsi te liant, la relation ne dépend ni de toi ni de ton semblable, mais du mystère de réciprocité qui naît de cet échange. Alors les silences accueillent dans l'écoute, et les paroles donnent dans la générosité.

Ici, dans ce vaste flux de mondialité humaine, il suffit de laisser parler son cœur et de questionner les visages, ils sont un langage sans frontière et sans langue étrangère. Pour avancer, apprends à saisir ces silences et ces visages, écoute les regards, les sourires et les gestes qui les accompagnent et alors tu rentreras dans l'intimité de ton âme, dans ce que les Hommes nomment l'instinct. Ainsi on parle toutes les langues sans problème sur les sentiers cosmopolites qui conduisent aux reliques de Jacques. Tout le monde se comprend. Et pour te surpasser, tu devras sortir de toi en agissant pour autrui. Si tu veux influer et exister, il faut que tu te saches redevable de cet autre. Alors tu ne verras plus en lui un concurrent ou un juge de peine, mais tu tenteras de capter en lui la vérité qui te fait défaut et qui pourrait te sauver.

Et là est un premier secret. Le Chemin vide des pleins et remplit des vides. Des pleins de fardeaux, des vides d'amour, d'estime, de reconnaissance et de devoir. Il décharge la peine du frère de marche par l'échange, et en même temps il comble ses manques. Chacun y est l'assistant de l'autre. Seul celui qui s'ouvre à l'Étranger trouve en lui des réponses. Car c'est lui qui le conduit à se poser les bonnes questions, ce qui est le plus grand des savoirs. Pour être nous, il faut donc passer par les autres. Ce sont eux qui accueillent les levers de soleil de nos espérances et les crépuscules de nos souffrances. On peut tout dire sans hésiter à ceux qui vont à tes côtés et que tu ne reverras jamais. C'est bien moins dur que de l'avouer à ceux qui te sont proches. Sur la route les autres sont des confesseurs extraordinaires !

Et on peut ne pas se sentir redevable, car on est soi-même le réceptacle des confessions des autres. Car enfin il est merveilleux de pouvoir leur offrir ce que l'on est ! C'est cela la rencontre. À tour de rôle, on se fait confesseur et pénitent, sans jamais se le dire, entre deux rires et deux verres, entre des larmes et des éclats de joie ! Le chemin distille là des perles de bonheur au fil des échanges. C'est la magie inattendue, mais présente partout, du Chemin. »

Alors le Sage me dit.

— Il est temps pour toi de puiser à leur source les paraboles du monde. Si tu veux accomplir cela pour devenir sage, tu saisiras de toi-même les signes de la vie. Alors tu comprendras qu'il faut que tes bras, ton cœur et ton esprit s'ouvrent aux murmures du Chemin de Compostelle pour embrasser ses enseignements. La sagesse passe par eux. Et de ces murmures, s'ils émanent d'une origine que tu chercheras, et que j'espère tu trouveras, sortiront toujours des êtres vivants. Les végétaux, les animaux, les éléments et les Hommes te feront entendre tout cela. Car, vois-tu, il faudra qu'un jour tu deviennes comme moi une *oreille du sacré*. C'est ainsi qu'on nomme les âmes qui retrouvent l'ouïe originelle. Celles qui accèdent à l'entendement du monde vivant. Le sacré murmure, mais peu l'entendent. Sois attentif désormais aux bruits, mais surtout écoute ses messages. Décrypte les mots et les sons avec le cœur et comprends les paraboles en les méditant. Il n'y a rien d'ésotérique dans tout cela, simplement une démarche d'ermite qui appréhende mieux le monde en s'isolant et en s'éloignant. Accomplis ce rituel du retrait en toi et tu percevras les enseignements de la Grande Route. »

Une grande catastrophe arriva alors. Malgré mille efforts de concentration, le Sage cessa de venir peupler mes rêves. Mon esprit perdit le chemin onirique de la maison de Jean et de sa pierre accueillante.

Jean m'avait quitté et ce départ fut un déchirement. Pourtant le Chemin ne me quitta pas. Au contraire, il se rapprocha de moi pour me livrer ses enseignements. Il fit de moi un pèlerin qu'il projetait à sa guise là où les murmures délivraient ses leçons. Et voici quel fut le trésor qu'il partagea avec moi.

TU ES CE QUI T'ENTOURE

Plus de banc de pierre, plus de Sage à mes côtés pour m'aider à cheminer, j'étais donc devenu un routard des étoiles dont le bourdon allait être le seul soutien !

Et voilà que j'étais lâché en pleine Meseta, ce haut plateau désertique de la Castille. Le *Camino Francès* y présente d'immenses lignes droites sans fin posées dans un décor d'une monotonie absolue. La route y est collée comme un ruban sur une maquette de sable. Là le pèlerin navigue l'échine ployée par la chaleur, écrasé par le soleil, exaspéré par l'effort rébarbatif. Le pas s'y fait petit, le souffle s'y fait court, le moral se met en berne. Le chemin de Croix n'est pas loin. L'ennui rend l'effort difficile, la piste griffe. Le vide est partout, angoissant et rugueux.

Or le vide est habité pour ceux qui le savent ! Mais je ne le savais pas encore. Tombé en panne le long d'un champ de plantes rabougries, je m'étais assis par terre, me demandant si j'allais vraiment repartir. Un champ à droite, un autre à gauche. Un fossé entre les deux. Sur des dizaines de kilomètres. Pas un caillou, pas une maison, pas même l'espoir de verticalité d'un poteau électrique. Rien, que du plat. Le paysage semblait muet, mais ses murmures prophétisaient. Une route déroutante. Un pèlerin passa par là enfin. Il m'interpella.

– C'est quand le présent te cogne que tu touches la réalité. C'est quand tu souffres que tu sors de tes caprices. C'est face à l'obstacle que tu peux te faire fort. N'aie pas peur des trajets rectilignes. Ton esprit n'y sera pas distrait par autre chose que tes pas et tes pensées. Ta volonté y apprendra la persévérance et la patience. Il n'y a que là que tu pourras découvrir le vrai sens de ta démarche pèlerine. Tu vas aussi t'apercevoir à quel point la désolation et la monotonie de la nature impriment en toi des sentiments déprimés. Ces étendues austères et ces immensités à perte de vue ne doivent pas t'oppresser, mais au contraire te faire comprendre que tu dois choisir ton environnement, car celui-ci influe toujours sur tes actes. Si tu choisis de vivre dans la boue, ta pensée sera boue, si tu t'entoures de verdure et de fleurs, ta pensée sera fleur, si tu ne côtoies que des êtres sans fond, tu resteras en surface. Retiens donc cela : ***Tu es comme ce qui t'entoure.*** »

Il me tendit alors la main pour me relever. Je l'acceptais comme un soulagement. Et je repartis.

– Va, me dit-il, moi je marche seul, et crois-moi, c'est en bonne compagnie. Je reprendrai ma route quand tu auras disparu sur l'horizon. Tu trouveras un peu plus loin quelques cailloux et des champs d'éoliennes qui animent le paysage des champs sans fin. N'oublie pas que la Meseta te permet de ne pas te distraire d'une chose essentielle que tu évites à tout prix : un face à face avec toi-même. Sois concentré sur cela, que rien ne vienne perturber cet échange des plus précieux, et Buen Camino ! Alors je repris ma marche, mes ampoules à l'âme plus douloureuses encore que celles de mes pieds. »

Plus loin, je trouvais quelques ruines, quelques petits villages et surtout un peu de dénivelés. Qu'elles étaient belles de leurs formes ces collines qui rompaient avec la platitude ! Elles rendaient l'horizon moins hostile. Les couleurs de l'automne commençaient à faire varier la lumière de ses tons ocre. J'étais dans ces 150 kilomètres ingrats et torrides qui précèdent la ville de Léon. C'était finalement plus agréable que certains passages de la Rioja ou des abords de Burgos et de Logroño, où le Camino longe la route pendant des kilomètres dans un décor périurbain triste et parfois délabré. Si la Meseta est propice à la réflexion, les contours des villes sont tout aussi monotones, mais beaucoup moins spirituels et propres ! Dans ce dénuement désertique, le moindre coquelicot devient un spectacle, la moindre touffe rebelle devient une fête, et le moindre bosquet d'arbustes se fait feu d'artifice. La nature qui résiste y est un écrin d'espoir. Les doux paysages d'une belle campagne portent le pèlerin, mais ceux du désert l'écrasent. Au détour d'un village qui semblait désert lui aussi, je croisais un autre pèlerin qui sortait d'une petite boutique faisant office de dépôt de boulangerie.

Holà, mon ami, te voilà donc survivant de l'ennui, te voilà donc consacré pèlerin de la solitude, ce titre bien plus gratifiant que celui de pèlerin de la multitude ! » Bravo ! Tu as probablement découvert un des secrets de la route des étoiles : le spectacle des merveilles de la nature est sans égal pour accéder à la croyance. Elles sont des démonstrations permanentes de miracles. Elles rendent Dieu aussi incontestable et présent qu'incompréhensible et complexe. La nature est le grand accompagnateur du pèlerin. La Grande Route apprend à observer avec son âme. Une communion va éclore de ce compagnonnage. Le cheminant redécouvre la liberté des grands espaces ou du moins, pour les moins citadins, rentre en harmonie avec ses exigences. Il s'émeut de ce lever de soleil qui allonge les arbres comme de ces couchers de soleil qui promettent des heures de fraîcheur. Il entend les oiseaux, surprend au coin d'un bois un chevreuil qui allaite son petit, ou observe au loin le vent qui couche les herbes et fait mûrir les blés. Doucement la nature refleurit en lui. L'artificiel qui l'écartait alors du Ciel se dissipe. Et le voilà prêt pour capter les enseignements de sa route. Alors l'arrogance de la supériorité humaine tombe et le jacquet laisse s'épanouir ses cinq sens. Les senteurs arrivent alors jusqu'à lui, les lumières ne cesseront de le fasciner, les bruissements du vent lui feront entendre la voix des forêts, les fougères viendront caresser ses jambes et les amandes glanées sur le bord de la route lui rappelleront la générosité authentique de la création. Peut-être en raison des contrastes, quand on passe du désert à l'exubérance de la verdure on apprécie davantage les beautés des paysages de Galice ou d'ailleurs. Et on apprécie les océans de verdure et leurs vallées rosées de bruyères comme les forêts de chêne qui ombragent la piste.

Cette porosité entre l'Homme et la nature est un rappel à l'ordre philosophique et religieux. Si tu te fais moins vaniteux alors l'humilité fera de ton Chemin non une parenthèse, mais une naissance réceptive aux splendeurs de la nature. Alors tout t'amène à conclure que te faisant pèlerin tu retrouves ta place dans l'harmonie de la création et que tu auras bien des peurs à apprivoiser pour aller jusqu'au bout de ta démarche. »

LE MYSTÈRE DU TEMPS

Désormais conscient que l'espace et le temps du chemin avaient ces singularités incroyables, je décidais de persévérer dans mon errance. La traversée de la Meseta posa un supplément d'âme sur ma recherche. Et j'arrivais à Léon, une ville magnifique postée sur la carte comme une oasis inatteignable dans le désert. La terre des fantômes était derrière moi pensais-je. J'arrivais dans une auberge donativo. Un hospitalier m'accueillit. Me dévisageant comme s'il voulait percer en moi un imposteur, il me demanda mon passeport de pèlerin. Je lui présentais une crédentiale sortie de je ne sais où. Il l'examina gravement. Puis après une longue hésitation, il me dit.

— Vous découvrirez ici qu'il est un autre secret dans le trésor des enseignements de Compostelle. Celui du temps. *L'horloge de la Grande Route est mystérieuse.* Comme si elle créait des heures parallèles au vrai monde. Des heures délicieusement longues et denses. Des heures qui ont le temps et qui le prennent. La marche vers le couchant décante les eaux troublées de nos agitations. À croire qu'elle pourrait rendre clair et visible ce qui est diffus et trouble. La marche clarifie la vue en éclairant l'essentiel. On dit même d'elle qu'elle assoupit les tempêtes de la passion et qu'elle guérit de l'insatisfaction permanente des besoins matériels. On vit à 4 kilomètres à l'heure. Les journées sont comme des rêves d'enfants très courts et très longs à la fois. Quand on va lentement, on apprend à se suffire de peu, à exiger moins, à devenir pauvre dans ses besoins. On vit au ralenti, très simplement. Les temps du présent créent mille nécessités et autant de malaises. Les profanes hors du Chemin sont dépassés par la vitesse et la technologie. Ces deux grands maux fossilisent ceux qui ne les suivent pas. La course à l'actualité crée un grand désarroi. On se retrouve si vite dépassé et ringardisé ! Alors, quand tout se périme en quelques semaines, comment croire en des idées millénaires ? La modernité érige ainsi des temples à l'incertitude morale et à la frustration matérielle. Ses codes s'avèrent incapables de répondre aux interrogations du fond des âmes. On surfe à grande vitesse, mais tout est surface et furtivité. L'information a tué la connaissance et la science de soi. »

Jean m'avait déjà dit tout cela. Mais l'hospitalier marqua une pause pour s'occuper d'un autre pèlerin et reprit bizarrement.

— Alors l'instant est trop fugace pour être apprécié. Sur la piste qui s'oriente vers la fin de la terre de Finistera, l'Homme se pose. Et la route se fait pause, comme un havre de retrait, comme un retour vers les profondeurs de soi. La joie est grande loin de ces heures lancées à toute allure qui vous frôlent sans même vous regarder, loin des minutes qui périment le bonheur aussitôt qu'elles l'aperçoivent. L'horloge du Jacquet remet du spirituel dans le matériel, et en cela elle refait vibrer les cordes coupées de l'espoir. Le temps est une des lois de la gravité humaine. C'est lui qui stabilise les esprits, même si, en contrepartie, il fait décliner les forces et la beauté des corps. Pèlerin, à chaque jour suffit sa peine. Il suffit de marcher sur le chemin de l'insouciance. La vie se compte au jour le jour. Et ainsi décomptée, elle se rapproche du rythme universel de l'éternité. Le bonheur de l'instant présent en viendrait à devenir le seul qui soit durable. Et à chaque étape, une grande satisfaction anime son cœur quand il arrivera à l'auberge du soir. Le déplacement à l'allure du pas redonne une dimension humaine à ce qui t'entoure.

Et j'ai pu le constater, personne ne sait pourquoi, mais le pèlerin est matinal, voire très matinal ! Il prend son temps, mais il ne tarde pas. Il n'attend que rarement le lever du jour pour se mettre en mouvement. Parti tôt, il arrivera aussi tôt. Suffisamment pour prendre encore son temps et régler ses tâches journalières, une petite lessive à offrir au vent chaud d'Espagne, une inspection scientifique de ses pieds, un repas frugal et fraternel à préparer, l'itinéraire du jour d'après à réviser, d'autres pèlerins à accueillir de ses sourires et avec qui deviser, un aubergiste avec qui échanger. Ainsi les moments sont suspendus à un rythme qui ne nous dépasse pas. Ils sont dédiés à une cause commune à tous, et cette égalité d'allure remet de la mesure dans tout. On réapprend à ne pas précipiter les choses, cette grande vertu qu'est la patience.

Il faut aussi faire des pauses dans sa quête. Pour observer le flux des autres, leur turpitude, la fragilité du sens de leurs mouvements incessants. Compostelle devient ainsi une grande parenthèse précédée de points de suspension et suivie tout au long du périple, de points d'interrogation. Avoir du temps, c'est le premier signe du luxe et du bonheur ! Cela se gagne avec la prise de distance. Ainsi converti à la philosophie du temps libre, on s'autorise à ne plus courir. On en vient à accepter sa lenteur pour comprendre le monde. Et on l'utilise pour obtenir des autres, pour donner, pour pardonner et pour vivre. Car la lenteur est une délivrance qui apaise les tumultes et accueille la contemplation.

Alors dans son rythme poussif et répétitif le pèlerin conquiert le temps et avec lui la liberté ! Il sait qu'il faut ralentir pour mieux s'approfondir. Car la vitesse n'est que surface et précipitation, parce que la vie se déguste tant elle est courte. Alors l'instant présent devient un trésor qu'on redécouvre. Un pas devant l'autre, un jour après l'autre, tout est ramené à la besogne et au quotidien, et par cela la vie devient simple. La pensée ne va plus alors en direction du pain quotidien à gagner. Dans le quotidien l'Homme profane est statique, mais il s'échappe de lui-même en étant toujours loin de chez lui, déplacé constamment par la peur, le besoin et l'ambition. En marchant, le pèlerin revient chez lui, en lui, il s'accompagne avec sérénité. Dans la paix. »

Retiens cela reprit l'hospitalier.

— Il faut agir en homme pressé, car la vie est courte tandis que ses défis sont nombreux, mais il faut prendre son temps pour aboutir, car seuls la patience et l'acharnement à la tâche font accéder aux résultats durables. »

Alors il me rendit ma crédentiale dont la dernière étape avait été marquée par un tampon datant de près de sept ans, et plus exactement du jour de ma naissance. Intrigué, je me demandais si toutes les pièces du puzzle se rassembleraient bientôt et que je pourrais enfin saisir le sens de tout cela.

LA DÉCOUVERTE DE L'ESSENTIEL

Je retrouvais des paysages plus variés et arborés après le pont médiéval de Hospital de Orbigo. L'esprit, il est vrai s'évade plus facilement quand les délices du décor accrochent l'esprit. Et sans ces chocs de rudesse, de pèlerin, tu peux te métamorphoser en touriste sans t'en apercevoir. Mais cela n'est pas vraiment grave. Il faut que la tension du recueillement se mette en couleur avec des moments de détente. Ils sont des contrepoids aux tourments qui hantent les jacquets. Ils consacrent également un retour à la simplicité. Au détour d'une auberge alternative qui présentait comme totem un escargot vert, une pèlerine hors d'âge m'appela. Elle était debout à la sortie du village, sur un rocher ancré dans un fossé, et me lança.

– Buen Camino !

– Buen Camino ! répondis-je

– Je t'attendais ! Car je sais à ta démarche que ton sac est trop plein et que ta quête est trop lourde !

– C'est un peu vrai », répondis-je.

La dame continua.

– Allégé, tu t'aperçois que tu te suffis de peu. Le tri est une grande vertu cachée aux Hommes. Jamais ils ne le font, ni entre eux, ni dans leurs biens, ni dans leurs choix. Or quand tu charges ton fardeau sans choisir ce que tu y mets, tu estimes également l'utile et l'inutile. Alors ce qui ne sert à rien entrave ce qui te sert à tout. Tu es injuste avec l'essentiel et complice avec le superficiel. Et ce qui est vrai avec ce que tu possèdes est vrai avec ce que tu es. Il faut du tri dans l'avoir comme dans l'être. Et souvent, moins tu as et plus tu es. Tout comme plus tu as et moins tu es. Être et avoir, voilà où le point d'équilibre de la première sagesse poindra. La première condition pour renaître à Saint-Jacques est là : Il faut se démunir de tout dans l'avoir pour tout retrouver dans l'être. Le vrai Chemin, c'est de partir de chez soi, de s'éloigner lentement en quittant ses chers, ses objets, ses souvenirs ses honneurs, sa propre vie. C'est très humble de partir en fermant la porte de sa maison. C'est comme un départ définitif en direction de la fin. Une petite mort. Comme une fugue de tout ce que l'on est. Comme une fuite temporaire. Cet arrachement de soi est une petite sépulture qui se fait dans l'appréhension et les fantasmes, et cette peur du vide est subjuguée par l'exaltation de l'aventure qui s'annonce. Là, à cet instant précieux, s'approche enfin l'authenticité. Dès lors, tu pourras te complaire alors dans une forme d'apesanteur tribale, hors de tout rôle fonctionnel dans la machine de répartition du travail, égalisé ainsi dans l'inutilité et la quête. Si tu recherches ta vérité, tu dois te débarrasser des choses.

Ils sont légion à partir avec des wagons de choses rassurantes et inutiles. Les sacs souvent trop lourds des premières étapes donnent des leçons douloureuses aux épaules. Puis viennent les ampoules. Le pèlerin chargé devient bancal et souffrant. Alors le fil des kilomètres délivre ses leçons obstinées, on allège son sac pour ne conserver ainsi que le strict minimum nécessaire. Du moins, on ne se charge que de ce qui constitue sa marge de confort. Et ce faisant l'esprit du pèlerin se dénude lui aussi et il se surprend à délaisser également le superflu dans ses discussions. Son verbe s'allège avec le poids du sac.

En réalité, souvent, les cœurs des pèlerins sont plus lourds que leurs besaces. Il y a mille ans le pèlerin devait accomplir ce rite du dénuement. Par milliers, par millions, la besace à l'épaule et le bourdon au poing, ils quittaient les Cités, les châteaux, les bourgades et prenaient le chemin de Compostelle. Gens de toutes sortes et de tous pays, ils s'offraient à l'imprévu, le cœur brûlant, pour trouver leur salut au bout des terres d'Occident, là où l'Océan engloutit la fin du continent, à l'endroit où il avait livré le corps de l'apôtre Jacques.

Sur cette route de tous les temps, il n'y a plus de riches ou de pauvres, plus de PDG et de salarié, plus de roi ni d'éboueurs. Les compagnons de route sont des alter ego, des égaux. Alors il y a grande place pour la fraternité. On ne *flambe* pas sur le Chemin, on ne brille pas, on n'imposte pas, on s'entraide. Fébrile du lendemain. Heureux de pouvoir trouver à ses côtés un coup de main qui ne négocie pas ses conditions. À ce moment-là, l'essentiel gouverne. Et les murmures peuvent commencer à vibrer. »

La femme âgée sauta de sa pierre et en un instant avait tourné au coin de la rue en suivant cette flèche jaune qui sert de phare à tout cheminant.

— Merci, dis-je, merci, mais revenez ! »

Alors j'ouvrais mon sac et je le vidais de tout ce qu'il comportait. Puis me ravisant, je remis quelles affaires me permettant de rester d'apparence propre et digne. Là était mon essentiel du moment : la dignité et l'image. Et n'étant encore que là je me trouvais bien éloigné du pèlerin Releveur !

Il me restait à trouver ce fameux point d'équilibre entre l'utile et le superflu, entre ce qui peut fructifier et ce qui conduira définitivement à des impasses. Il faudrait que je me trompe souvent pour le définir. Et dans ces longues heures de marche, quand les silences laissent l'esprit s'interroger sur les choses du fond, on se demande sans cesse comment savoir distinguer ce qui a de la valeur de ce qui n'en a pas.

PÉRÉGRINER POUR ESPÉRER

J'arrivais alors à une fontaine, non loin de Najera.

Un pèlerin remplit ma gourde que j'avais asséchée depuis un bon nombre de kilomètres. En me la rendant, il me dit.

— Compère, voilà de quoi baptiser ta vie. Grâce à l'eau, au soleil et à la terre tout germe, fleurit puis se fane. Car ici bas tout se crée, se rassemble puis se brise. Et tout est à reconstruire. La marche du monde s'inscrit dans ce cycle de vie et de mort. Ici tout est furtif. Le pouvoir, les honneurs, la richesse, tout cela n'est que provisoire. Quand la vie t'a amené à l'accepter dans ton quotidien, tu n'évolues plus en myope, mais en voyeur d'horizon. Tu reconnais à partir de ce moment-là que l'humilité devient la racine nourricière de toute réussite en ralliant à elle toutes les autres vertus. Elle crée les liens avec toutes les bonnes volontés. Alors on ne cherche plus à briller dans le monde, mais à l'éclairer. Alors on donne à voir le monde sans chercher à le démontrer. Et aux confins de cette démarche, l'humilité suprême sera de renoncer à la volonté elle-même pour s'abandonner au hasard du Ciel.

— Je ne veux que de l'eau répondis-je, mais j'accepte volontiers la leçon qui l'accompagne. Mais qu'en est-il alors du rôle de chacun des hommes ? Si on ne s'envisage que comme un passager provisoire, on démobilise les envies de faire. On tue le cœur à l'ouvrage, non ? »

Le pèlerin de l'eau répondit.

— Le moteur de toute vertu se situe dans l'audace. Ainsi, le courage vient en osant, comme la couardise vient en n'osant pas. Ainsi c'est en changeant de direction que l'on donne le plus de sens à son action. Ainsi, c'est en osant tout ouvrir, les yeux, les bras, les cœurs que tout grandit. »

Belle était cette réponse, mais elle ne me satisfaisait pas, elle ne contribuait qu'à poser de nouvelles questions sans répondre à celles qui me hantaient déjà. Je rétorquais aussitôt.

— Oui, mais cela ne répond pas à mes interrogations du moment qui sont : Que puis-je donner ? Comment rendre ce que j'ai reçu ? Comment réussir ma vie, le mieux possible ? »

Alors le pèlerin me dit.

— La Grande Route ne répond qu'aux bonnes questions. Inutile de venir y poser celles auxquelles jamais personne n'a apporté de réponse. Ce qui est irrésolu mène au doute. Dans le doute, il y a la peur, mais aussi l'espoir. Et dans l'espoir tu retrouveras la force et l'audace ! Voudrais-tu décourager l'humanité ? Laisse-la donc marcher pour glaner le long de ses efforts des parcelles d'encouragement. Un pèlerinage pétri dans l'adversité sera généreux en pardon et en réconfort. La vie profane est cruelle et violente. Sur la route sacrée de Compostelle, il est des braves qui se rachètent des conduites vis-à-vis d'eux-mêmes et des courageux qui retrouvent la voie de la confiance. Ils redeviennent alors utiles à eux et à tous.

Compostelle est devenu le Chemin de toutes les causes perdues, de toutes les incompréhensions, de toutes les misères et en même temps de tous les espoirs et de toutes les joies. Il se fait route de synthèse des vies. Il délivre des conseils gratuits au fil de rencontres sans enjeux, sans lendemain, sans intérêts. C'est devenu un des plus grands remèdes du monde ! Un phénomène né de la souffrance, de la légende, dans la décapitation et le mythe, ancré dans une croyance confirmée par des millions de pèlerins. Pour ce qui est de la générosité, je crois que donner des biens est très peu, mais que donner de soi, cela coûte vraiment ! Ne te contente pas de donner au pauvre, partage aussi sa pauvreté. C'est cela qui a de la valeur. »

Alors je me remis en marche. Dépité. Jean me manquait. Me voyant m'éloigner à grands pas le pèlerin me cria de loin.

— N'oublie pas une chose essentielle : l'Homme est grand, si tu veux le juger sois certain d'être parfait ! Vers Compostelle il y a plus d'Hommes qui viennent remercier que d'Hommes qui viennent pleurer. Ils confient au Ciel ce qui leur est cher ! Ne l'oublie pas, tu seras toujours le créateur de ton lendemain, que le hasard ne soit pas ton astrolabe. »

Alors j'accélérais, toujours en quête avec de grandes questions.

Un peu plus loin, au pied d'une colline plantée d'amandiers, je croisais un groupe d'une dizaine de jeunes pèlerins assis sur le bord de la piste. Ils avaient étalé un certain nombre de victuailles qu'ils comptaient partager pour leur déjeuner. Ça parlait là gaiement et à grand bruit dans bien des langues.

— *Holà ! Buen Camino !* dis-je, maintenant accoutumé au langage des *professionnels* du Chemin. »

Ils répondirent en chœur.

— *Holà !*

— Quelles sont les leçons de votre Chemin personnel ? Qui pourra me dire quel est son sens ? demandais-je sans passer par les préambules de conversation habituels. »

Aucun d'eux ne fut surpris par cette question, comme s'ils se la posaient constamment depuis leur départ. Leurs réponses fusèrent !

LES LEÇONS DU CHEMIN

Une fille polonaise fut la plus rapide.

– Tout ce qui est humain est provisoire mon ami ! Nous ne sommes que de passage. Ce chêne que tu vois là et qui nous fait de l'ombre ne chemine pas, ne va pas à Compostelle, mais il nous survivra, nous, nos enfants et nos petits enfants. Ainsi donc, c'est dans l'instant que tu dois faire tes preuves et surtout, puiser ton bonheur ! Ce que je retiens aussi de mon chemin jusque là, et je suis partie de la Tour Saint-Jacques à Paris, c'est que le temps, le plus souvent, rend amnésique. On oublie. Et quand on oublie, on peut éteindre les flammes de la douleur. Nos souvenirs nous échappent alors et le son des rires passés s'estompe, les regards illuminés d'hier s'éteignent peu à peu. Le temps assassine notre passé. Une fois ravagé par le temps, que nous reste-t-il si ce ne sont des regrets ou de la nostalgie ?

Il faut alors apprendre à dompter son passé. Le vaincre comme un cheval fou qui veut vous rajeunir alors que les outrages du temps ne connaissent que la logique du sablier percé. Je crois aussi que le Chemin m'a appris que pour aller de l'avant et persévérer, l'Homme a besoin d'exaltation. Il doit se dépasser en relevant des défis et en se confrontant à l'inconnu. Sur tous les chemins, il est des pentes rudes et des trajectoires tortueuses. Ce sont elles qui font apprécier les terrains plats et les longues lignes droites. Tu as dû le voir, ce qui nourrit aussi le bonheur d'être là, c'est l'inconnu du moment d'après, l'inconnu de l'aventure.

L'aventure, c'est le nom que je donne à cette belle incertitude qui épouse l'audace. Tout est alors possible et tu es prêt à l'accepter. Ça, c'est formidable ! Attention, ce n'est pas pour autant qu'il faut tout laisser faire. Le lâcher-prise ce n'est pas l'abandon aux pires démons ! Il faut être ouvert au destin, mais pas forcément le laisser faire.

Par exemple, il est des récurrences non voulues étonnantes que l'on ne pourra jamais expliquer sur le Chemin. Est-ce la force du destin ou tout autre mystère qui te fais rencontrer toujours les mêmes personnes et qui font disparaître d'autres, je ne sais pas. On marche souvent en vagues qui vont au même rythme, c'est vrai, mais ce phénomène méconnaît ce principe. D'autant que certains sautent des étapes où prennent un bus, et voilà que tu les retrouves sur la piste ! À ce moment-là, quand tu t'abandonnes tout en te surveillant donc, l'improbable demeure toujours possible. Ce faisant, on construit des situations positives qui n'exposent pas à l'indélicatesse des autres. Un doute sur l'hygiène d'un gîte ou sur la fiabilité de quelques piliers de bar un peu louches ? Il faut vite se sauver. Même sur le Camino, surtout sur le Camino, ne pas tenter le diable !

Il faut faire preuve de prudence, mais également s'ouvrir au monde. C'est quand tu échanges avec les autres pèlerins que tu démultiplies les enseignements de ta marche. Même s'il est des étapes où il est salvateur de naviguer en solitaire. Moi chaque jour, je m'impose une règle que je vais devoir suivre strictement durant la marche pour me plier à moi même. Ce n'est pas une pénitence, mais une soumission ponctuelle qui doit me permettre d'apprécier les choses, à leur juste valeur. Roncevaux, par exemple, je l'ai franchi lors d'une étape où je me suis imposée la soif. C'est une privation redoutable que de se priver d'eau. Quitte à se déshydrater. Quitte à tomber ? Tant pis, aller au bout de soi. C'était mon défi du jour. Je l'ai relevé. La soif c'est terrible ! Alors quand tu arrives et que tu as réussi, te voilà le héros de toi même ! Quelle fierté ! quelle gratification pour l'estime de soi ! Alors quand arrivé à l'auberge tu te verses un verre d'eau, tu ne le regarderas jamais plus comme quelque chose de courant qui ne mérite pas l'attention. Pour toujours un verre d'eau signifiera pour toi la gorge sèche et les lèvres qui saignent. Cela représentera pour toujours une chose qui n'est pas rare, mais qui n'a pas de prix ! Alors tu apprécies à jamais le luxe de l'eau.

Le lendemain, je me suis imposée la règle du silence. Le silence, c'est la parole de ceux qui ne savent pas et qui s'interrogent. C'est terrible aussi pour une grande bavarde comme moi. Tu te mets dans le destin d'une muette. Alors tu déploies mille inventions pour communiquer quand même, avec un geste, un signe, un regard, un clin d'œil, une caresse. Tu as tué le verbe. Tu redonnes une place solide au non verbal. Et arrivé à l'étape tu te surprends à économiser tes mots. À les choisir. À ne plus les déverser, mais à les offrir. Et puis tu t'aperçois que ton silence t'a parlé. Car alors les pensées profondes trouvent de la place pour aller voir à la surface de toi ce qui se passe. Il y a plein de choses qui remontent. Des bonnes. Des moins bonnes. Il faut assumer. S'accepter avec cela. Dans son coffre fort de l'intérieur. Rien ne sort alors, tout se fait écho, mais tout est fort !

Le jour d'après encore, j'ai suivi la règle de la pensée positive. Que c'est dur ! Mais c'est de la sorte que j'ai chassé des démons qui me hantaient depuis des siècles. Il n'y a pas meilleur moyen de retrouver le moral que de se plier à la torture mentale du bien systématique. On n'imagine pas combien on peut être négatif sans le savoir faute de la comptabiliser. J'ai aussi connu la règle de la faim, qui t'apprend à manger ta pomme jusqu'au dernier pépin. Après cette épreuve, tu découvres que le paradis existe dans une assiette garnie. Tu y apprends le délice de la dernière miette et la vertu de la dégustation. J'ai aussi subi la règle du partage où tout ce qui tu t'autorises à faire doit être au service de l'autre. C'est très compliqué d'aider les autres quand soi-même on est empêtré dans ses toiles d'araignées !

J'ai eu un jour de la pensée des défunts. Alors chaque heure de marche je prenais rendez-vous avec un de mes chers qui s'en étaient allés. Un mort qui m'avait abandonné trop tôt. Alors mes morts ont marché ce jour-là à mes côtés. Certains m'ont fait pleurer, d'autres fait rire. J'ai caminé ce jour-là dans les souvenirs, mais je crois aussi que certains étaient bien présents. Ils me susurrent des choses. Et puis à l'heure de midi, alors que ma grand-mère était là à mes côtés, en passant dans un village, une vieille dame qui me voyait parler seule, car forcément elle ne voyait pas mes fantômes, a eu ces mots incroyables : « *Hé petite, tu as bien raison de parler toute seule, c'est comme ça que le Ciel t'entendra !* » Encore un signe du Chemin.

La règle de la prière a aussi été un drôle de moment. Prier pendant huit heures d'affilée, c'est vraiment rentrer en religion. Qu'est ce que j'ai pu lui en dire des choses à Dieu ? S'il existe, il a dû être surpris. Pas que en bien forcément. Au début on lui reproche plein de choses, on ne comprend pas. On prie colère ! Et puis il y a un moment où tout bascule et tu passes aux remerciements. Arrivé là tu t'aperçois de tes chances, car tu es suffisamment fort pour te les avouer et pour les lister. À la fin de la journée, tu as appris à ne plus te plaindre pour rien. Car balayé le nuage de la colère, tu mesures les chances de ta vie. Tu t'aperçois que la vie est plus que belle et que le Ciel ne t'a pas abandonné. Si tu y crois bien sûr ! Je ne vais pas t'énumérer toutes mes règles, mais je vais terminer par la règle du bandeau. Il est terrible de marcher en aveugle durant trente kilomètres. D'abord, tu n'as pas confiance dans celui qui te guide. Tu crains de te rompre les os à chacun des pas. Et puis au bout d'un moment, tout devient mécanique, tes pieds flottent dans l'obscurité. Ton ouïe entend les oiseaux, le vent, les paroles lointaines, la cloche d'une église, le bruit d'un camion qui s'approche et dont tu as l'impression qu'il va t'écraser. Il faut faire confiance. Ton guide devient alors un sauveur !

Et à la fin de ta journée, quand tu redécouvres la lumière, tu te poses comme un rocher inamovible et éternel face au soleil qui se couche. Et ce jour-là tu découvres la chance du beau, la merveille de la couleur, le miracle de la lumière. Alors quand tu croises un aveugle, tu lui parles en frère et il sait au ton de ta voix que tu connais l'obscurité. Vois-tu, pour moi c'est tout cela les leçons du Chemin. Tu dois les rendre possibles par tes décisions dans l'épreuve, et elles sont gratifiantes. Et il ne transmet rien dans la facilité. Et il t'amène à une chose essentielle : accepter de ne pas être parfait. Mais assieds-toi donc avec nous et partage notre festin. Quand tu partages, tu tutoies l'éternel ! Au fait… je m'appelle Miranda. »

Un grand Viking taillé comme un bûcheron repris derrière elle en approuvant de la tête ce qu'elle venait de dire.

— *Holà*, moi je m'appelle Bergmundur, je suis Islandais. J'ai pris le Chemin, ou plutôt le Chemin m'a pris, à Vézelay. Ce n'est pas tout proche. J'étais parti pour garder le moral. Mon patron m'a licencié alors que j'étais en vacances, sans rien dire. Il a refusé de m'expliquer en face à face pourquoi. Il a refusé de payer mes primes, il déteste les autres, il se croit le centre du monde. Je suis parti pour échapper à la colère et à la haine. Il lui serait arrivé des trucs... J'étais dans l'étouffement suite à un refoulement, je suis parti par défoulement. Je suis là pour crier à l'infini ma rage ! Pour me délester avant de sombrer.

L'enseignement de la Grande Route que j'ai aujourd'hui en tête risque de vous paraître bizarre, mais c'est ainsi, c'est qu'il ne faut jamais oublier ses rêves d'enfant. Ce sont eux qui donnent un cap à tes aspirations les plus profondes. Quand tu en as perdu le sens, tu te perds rapidement et ta vie ne sera qu'une succession d'actes contre nature. Dans tes rêves d'enfant, tu disposes de forces gigantesques et surtout, tu peux trouver la fierté de faire ce que tu as fait, tu deviens un homme, avec de vraies réalisations. Alors tout le reste, toutes les contrariétés de la vie deviennent plus faciles à supporter. Et alors il est moins compliqué d'écouter et d'aider les autres. Quand ton bateau est en feu, tu as du mal à aller rechercher des naufragés pour les sauver. J'ai aussi appris ici à regarder la lumière. Elle est bien différente de celle qu'on a chez moi. Elle brûle en même temps qu'elle illumine. C'est magnifique. C'est de la sorte que j'ai pu remarquer que dans la lumière rasante des levers de soleil, les choses ne sont plus les mêmes. Du moins leur apparence. L'ombre des Hommes qui marchent est alors grandie. Comme si le Chemin voulait les aider à grandir eux aussi. D'où l'importance de la manière dont on éclaire les choses, de la manière dont on les enveloppe.

La vérité est souvent terrible. Il faut lui trouver une bonne lumière pour qu'elle ne brûle pas.

Tu vois, le Chemin nous offre une fenêtre avec un point de vue sur le monde unique, orné de ses propres angles d'attaque. L'Homme n'y a plus les mêmes dimensions. On aimerait bien ramener à la maison cet angle d'attaque qui grandit et qui relativise tout. Certains disent même que la lumière est toujours au fond du trou, dans les entrailles de la Terre. C'est un mythe de plus probablement. Je crois aussi que la Grande Route m'a appris à effacer mes peurs, à balayer mes superstitions, et à gagner en confiance. On a beau être fait de muscle, on n'est pas toujours courageux surtout pour ne pas se dérober vis-à-vis de ses responsabilités. Dans le monde extérieur, on nous dit que le bonheur consiste à tout maîtriser. Cela interdit l'échec qui est perçu comme une guillotine. C'est un leurre, on ne contrôle pas grand-chose de la vie. Moi je viens recoller ma tête sur mon corps. Comme Jacques de Santiago.

Le Chemin apprend aussi à faire face à ses chats noirs. Il m'est arrivé des périodes de galère. J'ai pris des torrents d'eau du côté d'Atapuerca, j'ai été grippé durant trois jours, je n'avais plus d'argent liquide, tout allait mal. Et un berger espagnol qui passait devant l'auberge m'a dit « *El peor da valor al mejor* », le pire donne de la valeur au meilleur. Je ne lui avais pourtant rien demandé ! Je suis d'accord Miranda, c'est une des vérités du Camino : la liberté est dans l'effort.

La liberté est comme la lumière, elle est partout sans qu'on puisse la saisir. Tout comme elle, elle se suffit à ce qu'elle est, elle n'a pas besoin de sens. Elle est un élan passionnel, gravé dans les lois de la nature, une injonction soudaine qui n'écoute aucune enveloppe, qui ne reconnaît aucune frontière. Elle délie les entraves les plus solides, elle propulse les peurs et les regrets au-delà des horizons raisonnables. La liberté brise les chaînes, que ce soit bien ou pas. Parce que l'action libre se jette corps et âme dans l'action, sans compter, elle affranchit tous les pas hésitants ! La liberté est cela : une fièvre heureuse. Moi j'ai besoin d'aller au bout de mes forces, aux confins de toutes mes résistances, pour tordre tout ce qui ne va pas en moi et rincer ce qui peut l'être, jusqu'à l'épuisement. Et c'est un peu ce que disait Miranda, si tu veux apprendre du Chemin, il faut en accepter les épreuves ! »

Alors les invités du cercle de pèlerins manifestèrent de nombreux signes d'approbation. Un jeune Brésilien qui opinait du chef prit la parole.

— Je m'appelle José, brésilien de Taubaté au Brésil. J'ai commencé mon pèlerinage à Saint Jean Pied de Port. Moi je crois que ce qui compte sur la route de Compostelle, c'est autant le but que la manière d'y arriver. Tu vois, j'ai l'intime conviction que le Camino ne conduit pas au but, il est le but. On me l'avait dit. Je le constate. Car c'est au fil des kilomètres que ton mérite grandit et que tu t'enfonces dans les vraies raisons de ton voyage. C'est lui qui t'amène à accepter une maladie ou un deuil. C'est lui qui te montre que tu n'es pas seul dans ce cas, c'est lui qui crée une chaîne de solidarité entre des inconnus comme ici. Moi je marche pour la guérison de ma mère. Et si je le pouvais, si j'étais assez fort et sûr que je la guérirais, je le ferais pieds nus, à genoux s'il le faut. J'ai appris aussi qu'à l'ombre du pire, on en arrive à s'examiner en survivant. Même ceux qui souffrent ne reculent pas. On se dit qu'il est mille choses qu'on ne veut pas voir : la mort, la maladie, les trahisons, les petits mots assassins. Tout cela, c'est terrible et on se fait non-voyant pour éviter ses angoisses. Alors je prête attention à chacune de vos paroles à tous pour trouver la bonne voie. Mais chaque jour je reçois de petites leçons. D'abord quand on doit compter sur son corps pour avancer : il faut prendre soin de soi. Il faut s'écouter, entendre son corps, se préserver, ne pas s'exposer moralement au-delà des limites qui sont effectivement les siennes. Se nourrir, ne pas abuser, et se savoir fragile. On n'a qu'un seul corps, qu'une seule vie, si on se ménage, on dure, si on est dispendieux on écourte sa vie.

Et puis aussi j'ai découvert les vertus de la perte de soi.

Le corps est important. Mais pour aller loin, il faut écouter son corps et son âme. La marche apprend à se gérer, à s'économiser, à s'assagir, à persévérer, et à soigner son hygiène de vie. Le respect de soi précède alors le respect des autres, dans une remarquable logique de vie.

J'ai appris aussi que c'est quand on se perd qu'on peut se retrouver. Quand on s'égare, on revient sur la route de l'inexpérimenté, on épouse alors les concours de circonstances. Et puis on perd tous le chemin un jour, alors il faut l'accepter. C'est bien de savoir se perdre pour mieux se retrouver. Si je me perds alors je sais que j'arriverai. J'apprendrai à retrouver mes traces ainsi. Car il faut que je m'égare parfois pour être vigilant, pour prêter attention et connaître la fragilité du bon chemin, de la trace qui conduit au bon endroit. Et puis *c'est en cherchant autour de soi la bonne route qu'on remet de la recherche dans la marche*. C'est un compagnon du Chemin qui m'a appris cela.

J'ai appris aussi une chose : parfois il faut se retourner pour voir les plus beaux paysages.

Ils sont derrière soi, mais si on n'y prend garde, ils demeurent cachés. Et puis je crois aussi que souvent on trouve du sens dans la modestie. C'est là, en me faisant modeste, que je me fais grand. Pour me rendre utile sur le chemin, je ramasse les déchets que les gens laissent sur le bord de la route. Et il y en a ! Et en récoltant ces déchets, je touche à l'universel, au bien commun, au but collectif. Avant de me faire ramasseur, j'étais seul sur une piste, mais depuis me voilà citoyen de la terre. Vous voyez, ce sont ces détritus qui font de moi quelqu'un de mieux. Ça c'est un grand mystère de la vie, c'est un grand paradoxe que j'ai mis à jour sur la piste. Mais finalement cela signifie une chose simple : *donner permet de recevoir*. Aimer c'est donc donner et se partager. Si tu mets du cœur dans la relation, cela se voit et cela se sent. Les autres te le rendent de façon démultipliée. Et c'est ainsi que tu sauras reconnaître et différencier l'Homme dense, de bien, de l'Homme vide, le vaurien.

Et puis j'ai appris mille autres choses. Par exemple que : *Plus on communique et moins on communique*. Aujourd'hui les moyens de se parler sont performants et nombreux, mais le contenu des messages est de plus en plus creux. On peut éviter par ces biais les relations directes, les yeux dans les yeux, entre hommes. Les machines servent d'interface dans la relation humaine. Et elles font écran, elles permettent de se cacher, de tromper d'esquiver ou de faire croire. On jette aux autres des apparences. Les apparences sont des trompe-l'œil. Nous sommes captifs du superficiel. Sur le chemin, au contraire, on voit moins la surface des objets, et on commence à deviner des symboles. On examine les évènements pour en déterrer les signes. On regarde les pèlerins naviguer pour y voir non plus un courant non maîtrisé de piétons qui passent, mais pour en sentir la démarche, pour en capter les vibrations. Alors ainsi béni par la recherche d'autre chose, on ne regarde plus vers le bas.

Les miracles sont permanents, nous ne les voyons pas.

On apprend qu'il faut regarder vers le haut. On cherche à s'élever, Compostelle c'est un chemin d'élévation à la recherche d'une autre dimension. Mais on s'aperçoit aussi que le spirituel ne peut pas se détacher des exigences concrètes de l'humanité. Tu as beau être pèlerin, tu ne marches pas sur l'eau. Et si tu ne prêtes pas attention aux éléments, ton périple peut tourner court. Pour ne pas être pris au dépourvu, il faut être prévoyant.

Tu apprends sur la Grande Route à faire des réserves d'eau et de nourriture, tu dois à chaque étape laver ton linge et le faire sécher à temps. Tu dois acquérir de quoi soulager tes courbatures ou tes petits bobos. Le négligent n'arrivera pas jusqu'aux Saintes reliques. De même, moi, je ne cherche plus à m'exposer à la violence de la nature. J'ai compris qu'il ne faut pas affronter les éléments. Il est vain à long terme de s'exposer aux outrages des éléments : la pluie, le froid, le vent, quand ils se font violents, ne te rendront jamais plus fort. Il faut attendre l'accalmie pour mettre de la sérénité dans ta quête. Bien sûr, la pluie n'arrête pas le pèlerin, mais la tempête oui. Sinon elle déchire tes vêtements, elle souille ta nourriture, elle détruit tes moyens de vie en s'infiltrant partout. Dans ton avancée vers le soleil couchant de la fin de la terre, tu apprends à résister à la fatigue, à persévérer face à la douleur, à lutter contre le découragement.

Marcher permet de devenir plus fort.

Mais tu t'assagis aussi en restant modeste, en reconnaissant ta fragilité de chair et de sang d'être humain. C'est une autre leçon. Car ce réflexe de retrait face à la violence de la nature s'applique aussi à la relation humaine. Il ne faut pas se mesurer à ceux qui ne le méritent pas. Le silence ou toute autre chose inerte doit alors répondre aux réflexions ou aux attaques personnelles. Face au vice il faut déserter le dialogue ou l'affrontement. »

Tout le monde approuva le brésilien.

Une Allemande plus âgée fit signe pour parler à son tour. Elle eut une approche plus concrète, mais, finalement, très profonde.

— Je m'appelle Greta. Je suis partie du Puy en Velay. Marcher, persévérer, continuer, manger, dormir, remarcher, la vie du pèlerin est ramenée à des règles ancestrales authentiques. Elle est celle d'un apôtre. Abraham a commencé à répondre à l'appel de Dieu en prenant la route : Pars, quitte ton pays et la maison de ton père, et va vers le pays que je te montrerai lui avait il été commandé. J'ai fait ainsi. Jésus a dit : *Je suis le chemin, la vérité, et la vie.* Nul ne vient au Père que par moi. Alors j'y vais, en égaré. J'ai tout quitté. Ici ta marche se fait démarche. Elle consacre l'abandon au présent, délivrée de l'angoisse du futur et des affres du passé. J'avance l'âme libérée de la responsabilité, sans chose à régler, sans pression du devoir autre que celui du pas qui succède au pas. Le pas s'arrête à la pause. Et à la pause, il faut se laisser porter par le calme de l'arrêt, le bruissement des feuilles dans le vent, le parfum de la campagne et les senteurs de l'instant.

Je crois qu'il y a une règle essentielle qui doit diriger toute vie et que le Chemin nous rappelle.

Cette règle c'est que chaque chose doit être à sa place.

Tu vois le matin quand je remballe mes affaires dans mon sac, chaque chose est rangée à un endroit donné. En ordonnant le rangement de tes affaires comme de ta vie tu ordonnes ton esprit, tu ne mélanges pas tout, tu rationalises pour en mettre plus et mieux et surtout tu ne perds pas de temps à t'y retrouver. Combien de pèlerins ai-je croisé qui affirmaient qu'ils partaient à Saint-Jacques pour se retrouver ? Si tu les interroges, tu t'aperçois qu'ils ne se trouvent plus parce qu'ils n'ont jamais rien rangé. Alors forcément, tout est dérangé chez eux et ils perdent un temps infini. Quand on est jeune, on peut en perdre un peu. Quand on se fait plus proche de la fin que du début, on y réfléchit à deux fois ! Moi je vais à Compostelle rendre hommage à mon mari mort il y a trois mois. Et ça fait un gros trou dans mon sac. Je cherche sur la Grande Route à savoir quoi y mettre à la place. Je marche pour perdre la raison et gagner par là même un peu de déraison, car la réalité est bien trop dure. Ici sur le Chemin, tout le monde a un problème. Moi j'ai un gros trou en plus. Certains disent qu'on devient pèlerin par défi et qu'on le relève toujours par orgueil, ce n'est pas mon cas, moi c'est par deuil. Alors je viens ici me défaire puis me rassembler, recoller les morceaux épars, si je le peux ! »

Tout le monde la regarda avec compassion. J'étais ravi. Non seulement on me prenait au sérieux, mais encore on s'appliquait à ne pas m'infantiliser. Sur l'invitation de cette dame allemande, un grand échange de nourriture commença alors. Les pèlerins se mirent en cercle et posèrent un poncho au centre duquel chacun vint mettre ses réserves de victuailles. Je n'avais dans mon sac qu'un piètre quignon de pain sur lequel je grattais une gousse d'ail et que j'assaisonnais de quelques gouttes d'huile. Je les livrais là entièrement au partage avec grande joie. Mais ce repas d'échange n'arrêta pas les réponses à mes interrogations. Plus tard, je me dirai que j'avais vécu là un moment sacré. »

Un vieux Coréen leva la main pour apporter sa contribution et tous l'écoutèrent

— Je m'appelle Kwang-Ho. Je suis parti de Saint-Jean Pied de Port. Je suis d'accord, la fin, la fin de tout, nous rend un peu plus attentifs à la vie, c'est vrai. Et plus que tout, il importe encore d'avancer sans faillir en ne donnant pas la priorité à la vitesse. Le succès suppose la patience. Le kilomètre est toujours long, il se fait attendre comme une diva. Il se fait prier. Il faut l'accepter, adapter son rythme pour ne pas s'épuiser. L'impétueux souvent se prend dans l'*enflammement* de soi, surtout les premiers jours, et il se brûle dans l'impatience. Il faut durer sans se précipiter, penser durable et non point vitesse.

Face aux outrages des éléments, face aux accidents de la vie, face aux ruptures et aux drames, il faut se ménager. Je crois qu'il faut plus penser à durer qu'à performer. Dans un monde ou tout est mesuré en vitesse, il faut se libérer de cette dictature pour atteindre la paix intérieure. Et pour tenir la distance, il faut s'alléger constamment. On apprend sur le Camino à se débarrasser au plus tôt de ses déchets, ils pèsent et freinent. Et quand le sac s'est vidé, il est à nouveau disponible pour être rempli. Ainsi il en est des Hommes. Le pèlerin est cela, disponible. Et il fait l'éloge de la lenteur.

Il voit ses certitudes subir l'érosion, à un rythme *géologique*, mais permanent, comme l'eau creuse la pierre, dans la lenteur et la patience. Je viens ici pour marcher pour la paix. Mon peuple est divisé en deux par la haine. De chaque côté on brandit des armes d'anéantissement. Cela me fait peur. Cela me fait horreur. Les Humains parlent d'écologie et de durabilité et de réchauffement, mais ils ne s'imaginent pas qu'ils sont en train de négocier sur une poudrière. Alors je marche pour ne pas rester à rien faire et pour prier à l'arrivée pour la réconciliation. Je marche pour ces morts qui viennent. Je fais un deuil anticipé. Et peut-être le deuil de moi-même du même coup. Le deuil d'une époque, d'un mode de vie, d'une jeunesse qui s'en va. Prisonnier encore du passé, sans l'envie de devenir otage de mon avenir. Et puis la Grande Route a réveillé en moi des sensibilités salvatrices et il en est une qui passe devant les autres. Pour vivre serein, il faut fuir le bruit. Le bruit anesthésie la pensée et assassine la douceur de vivre. Le vacarme, c'est un saccage permanent de nos pensées. Dans le bruit, il ne naît que du superficiel. Alors que le silence fait pénétrer en nous du sens et de la joie ! On m'a appris à ne le rompre que si l'on n'a rien de plus sage à dire que le silence. Il m'a appris aussi qu'au-delà de l'obstacle de la langue et de la culture, il existait un langage international : le sourire. Ainsi le sourire facile permet de surmonter tous les obstacles de la vie de pèlerin.

C'est peut-être aussi vrai dans la vie profane de tous les jours. Ainsi le sourire facile permet de surmonter tous les obstacles de la vie de pèlerin. Quand je sonne à une porte parce que je suis perdu, je commence par un grand sourire et après je tends la main. Pour tous les humains ces gestes de fraternité soulèvent des montagnes d'aide et de générosité. Le langage du cœur est comme universel. C'est vrai un peu dans la vie de tous les jours. Je crois aussi que pour apprécier les paysages et les rudesses imposées par les efforts, tout comme dans la vie : il faut apprécier ce que l'on a et faire le deuil de ce que l'on n'a pas.

Si l'envie peut se transformer en ambition, elle peut surtout te perdre dans la jalousie ou la tentation du vol. Ce n'est pas du fatalisme, mais du bon réalisme de pèlerin. »

Tout le monde applaudit ! Le silence régna quelques secondes, mais rapidement un couple de Hollandais, les mains occupées par des sandwichs pantagruéliques tint à apporter sa contribution.

— Holà ! Nous sommes Gerolt et Godelive. Nous marchons depuis Conques. Nous voulions sortir du monde, et partir pour descendre en nous. Nous mettre en tête à tête avec nous même. Pour fuir aussi un peu nos responsabilités et surtout notre famille envahissante. Pour nous, il est un constat essentiel que le chemin nous rappelle, c'est que le bonheur est fait de petites choses.

Le soir arrivé à l'auberge on apprécie un lit, un lit soit-il confiné avec cent autres, c'est mieux que dormir dehors. Et puis lorsqu'on croise d'autres pèlerins qui ont comme nous du mal, on goûte leur petit sourire d'encouragement. Quand tu souffres et que tu es seul, une tape de soutien sur l'épaule vaut un Empire. Dans le Chemin, tout en toi est secoué, les bons et les mauvais moments de la vie apparaissent tour à tour, se mélangent, se font balance et équation. On devient alors le tribunal de soi-même. Une pause sous une ombre rare comme ici après des heures à trimer sous un soleil de plomb fait venir le bonheur. Et le bonheur des petites choses donne la paix. Ainsi, en tout, le détail est important. Une ampoule aux pieds devient le détail qui fait tomber le géant. Le détail, c'est le talon d'Achille du pèlerin et souvent celui de tout être humain.

Les vrais bonheurs sont dans cet ensemble de petits bonheurs et de gestes positifs anonymes pétris de bonté, d'amitié et d'affection tout comme les détails viennent souvent ruiner les investissements les plus sincères. Et tu verras un jour qu'un verre d'eau après des heures de soif réconcilie, je te le jure, avec toute l'humanité ! C'est cela le bonheur : la recherche, en tout, de la beauté. La Grande Route nous a appris aussi que les belles choses sont souvent à notre portée et que nous ne jugeons pas important de les voir. Elles sont à notre portée, mais il faut les mériter. Telle cette splendeur d'un lever de soleil qui exige de se lever tôt.

Ou encore le sourire d'une personne qui vous encourage, qui se fait complice de votre effort parce que le jour d'avant vous lui avez rendu service.

Ainsi de petites choses peuvent avoir de grandes conséquences.

Sur la route, si on néglige les détails, ils peuvent rapidement mettre le désordre dans nos projets : une ampoule qu'on martyrise, une cheville qu'on laisse branlante, une chaussure mal serrée, une chaussette mal tendue, ou un sac mal ajusté et tout capote ! Pour atteindre un but, il faut de la discipline. Le pèlerinage impose ses règles : des heures de lever toujours matinales pour échapper aux brûlures du soleil. De petits rituels de sacralité, pour ne pas passer à côté, bien sûr, des édifices religieux ou remarquables. Des rituels logistiques pour se restaurer ou s'abreuver à un rythme assez soutenu. Un passage obligé chez le boulanger du village ou la petite épicerie. Tout pèlerin a au fond de lui un vœu à accomplir.

Au fil des pas, quand le doute se fait plus présent, celui-ci devient une mission presque grave. C'est cela notre magie du Chemin, changer un passage de piétons en procession ! Nous étions partis pour une *excursion*, nous reviendrons après une *incursion*. Et pour nous, l'enseignement principal est que toute richesse est dans le geste qui a du sens pour les autres et pour soi. »

Mon bon public se mit encore à applaudir ! Un groupe de pèlerins qui passait sur la piste s'arrêta pour écouter notre petit séminaire puis décida de faire escale à nos côtés. Le cercle alors s'élargit et le poncho alimentaire se garnit.

Un Français leva la main et prit la parole.

— Holà, je m'appelle Éric ! Je suis parti du Mont-Saint-Michel. Moi je m'aperçois que l'enseignement majeur de mon parcours, c'est que la constante abondance peut créer du désespoir.

Elle peut même éloigner de la vertu, des beaux gestes et, paradoxalement, du partage. L'abondance devient une forme de gavage, elle sature jusqu'à l'écœurement. Elle isole, elle trompe, et elle blase. Elle fait croire que les petits bonheurs sont un dû, et qu'ils seront éternels. Les repus n'apprécient plus rien, ils boudent tout, alors peut naître le désespoir du trop-plein et la chance qu'on a devient inconsciente. On se transforme en enfant gâté qui ne sait plus donner, mais qui sans cesse exige de recevoir. Il faut donc lutter contre le *blasemen*t et économiser les plaisirs pour connaître le bonheur. Les petites privations font les grandes joies. Il faut donc faire ascèse, c'est pour cela que je me suis mis en route. Pour partager une petite chambre à dix. Pour avoir faim, pour avoir soif, pour avoir mal au dos. Pour saigner des pieds. Pour m'apercevoir que j'ai une grande chance dans ma vie et que je ne la connais pas. Pour lutter contre mon mal-être. Le plaisir de jouir fait oublier le sens de la vie. Et le faste permanent ne fait pas découvrir le sens de la vie tandis que le dénuement remet les pendules à l'heure. L'éloignement rend clairvoyant et redonne leurs bonnes valeurs aux choses.

Mon premier enseignement est que le Chemin me reconstruit.

Chacune de ses pierres frappant mes semelles me réajuste. Ainsi chacun de mes pas m'a montré qu'il ne peut y avoir de vie matérielle heureuse sans présence d'une vraie dimension spirituelle dans ce que l'on fait. Les bonnes réponses sont le plus souvent en nous. La Grande Route nous aide simplement à les trouver là où nous les avons cachées. Il décante l'eau troublée, car l'apaisement auquel il invite clarifie les visions en même temps qu'il éclaire l'essentiel. Le Camino endort les tempêtes de la passion comme celles, si nombreuses, de l'insatisfaction permanente.

Il faut faire donc des pauses, des retraits, des retours.

En rejoignant cette voie singulière où l'Homme rencontre ses miroirs et ses chimères, il faut faire repénétrer le spirituel dans le matériel. Pour ce faire, pour moi, l'austérité et la difficulté sont mes meilleurs compagnons. Et chemin faisant, le superflu empêche d'acquérir l'essentiel, il égare et conduit en direction du futile, il prive de ce qui est important. Ainsi à courir après le luxe et à l'assistance permanente on rend inutile son intelligence. Ici j'ai repris une carte. Ici tout doit se mériter ! Y compris dans le partage. Et puis il faut laisser les évènements venir à soi, dans la confiance et la sérénité, il se passe toujours quelque chose. Il faut savoir tout stopper et se poser en spectateur, chaque jour, s'asseoir et attendre que le monde vienne à vous. L'inattendu devient alors possible, les miracles peuvent survenir. Et voilà ! Le Chemin m'a appris à croire en mon étoile et à rester sourd à mes caprices ! »

Sur ces entrefaites, un drôle de pèlerin vint nous accoster. C'était un vieillard vêtu d'un costume noir et soutenu par un vélo antique qu'il traînait à ses côtés.

— *Holà !* nous dit-il avec un accent castillan un peu rocailleux, je suis Mario, je n'ai plus d'âge, ni de famille d'ailleurs, mais je possède, encore grâce au Ciel, un bout de terre placé là-haut sur ce flanc de colline que vous voyez à droite. Ce sont des vignes plantées par mon arrière-grand-père. Elles produisent un vin de chez nous, coloré comme de l'encre de Chine et amoureux des langues comme une promesse de baiser. Il sortit une gourde de peau râpée par le temps et la déboucha.

Que votre repas soit arrosé du fruit de cette terre et du travail de mes aïeux, qu'il puisse me permettre de partager votre conversation comme je le fais souvent quand le soleil se fait fort et que les pèlerins viennent se poser ici comme vous. Qui en veut ? »

Et tous tendirent leur verre pour mettre du vin de Navarre dans le bonheur de cet instant. Avec un peu de cérémonial, il versait généreusement son vin dans les gobelets des pèlerins.

— J'échange ici du vin contre de la science continua-t-il. Je ne suis pas allé longtemps à l'école, et sous ce chêne les pèlerins viennent m'instruire du reste du monde. J'y rencontre la terre entière. Et cela me donne du cœur à l'ouvrage sur les pentes raides de ma vigne. Car c'est vrai, je transforme grâce à vous le vin en savoir. J'ai entendu ta question depuis ma vigne Petit homme. Et si tu me permettais d'y répondre, je te dirais que pour moi, la plus grande leçon du Chemin, c'est qu'il passe tous les jours au pied de ton quotidien. Ainsi il est cette vague puissante sur laquelle tu peux monter pour te laisser emporter ailleurs, tout comme il est la montagne au bas de laquelle coule ce flot de marche. Le Chemin est donc ici dans l'effort physique, mais il passe aussi au bas de chez vous dans l'effort de l'âme. Ici l'âme rallie le corps, et il y a communion. Ailleurs, il est vrai, le quotidien écrase les âmes comme sur la route il écrase les corps. Mais tu peux aussi l'entreprendre. Le Chemin, c'est la voie de la persévérance et de la force. La distance quotidienne parcourue dans l'effort est chaque jour modeste, mais opiniâtre les petits pas font les grands chemins ! »

Une jeune fille qui jusque là ne s'était pas manifestée et dont le sac était orné d'une peluche d'enfant se leva et prit la parole avec une certaine émotion.

— Moi, c'est Francesca. Je suis partie de Lourdes. À la recherche d'un miracle. Je suis là pour me remettre dans le droit chemin. J'ai fauté. Trop bu un soir. Des gars m'ont embarquée. Je ne me rappelle plus de la suite. Et je suis tombée enceinte. Je n'ai pas eu le courage de le garder. Et depuis toutes les larmes de mon corps sortent tous les jours. Ma vague à moi, c'est un flot de tristesse sans fin. Je ne sais pas si le Chemin passe en bas de chez moi. Mais ici je peux aller de l'avant tous les jours sans trop réfléchir. Il suffit de marcher. C'est simple de marcher. J'espère qu'arrivé au bout je me serai pardonnée et que quelque chose de fort viendra m'absoudre. En Italie, la famille m'a dit de venir là pour retrouver de la dignité. Si je le pouvais moi aussi j'irais pieds nus. Je sème sur la Grande Route des marques de pénitence. Je porte ma Croix. Alors la leçon que je tire jusque là de mon parcours, est qu'on ne peut juger les Hommes qu'à l'aune de leurs misères ; qu'en mesurant leur attitude et leurs paroles à la lumière de l'enfer qu'ils ont vécu.

Chacun a en lui ses déserts, ses parcours d'obstacle, ses casses, ses *cabossages*, et ses machines de torture. Avant de se mesurer à l'autre, il faut percer son lot de souffrance. Quand tu soupèses son fardeau, tu peux évaluer de loin son chemin de vie. Mais les apparences peuvent cacher des blessures terribles. Alors on apprend sur la route à être prudent dans les jugements : on ne connaît jamais le pire des autres, le puits de leur peine, les plaies de celui qui ne laisse rien paraître. Quand on se fait juge en hâte, on n'est pas forcément un juste, mais en cherchant le fond des choses on quitte ses robes de magistrat pour prendre celles du sage.

Au début, à chaque virage des envies de suicide me sautaient à la gorge. Et puis un soir, j'ai vu un grand gaillard irlandais qui se faisait livrer son sac par un de ces transporteurs spécialisés qu'on trouve partout sur le Camino pour éviter de porter son chargement. Je l'ai regardé de travers. Tricheur ! Mais une heure après, un infirmier est venu le brancher à un respirateur et à toute une machinerie qui semblait le transfuser. Cela a duré très longtemps. Il gémissait. Le soir, au moment du dîner pèlerin, au détour d'une conversation qui tournait à la rigolade, il nous a demandé à tous de terminer son Chemin, car lui ne pourrait jamais le faire. Le temps qui lui était compté n'avait pas d'allonges suffisantes pour atteindre Saint-Jacques. Et il nous a dit qu'il ne tricherait pas. Et on a tous baissé les yeux. Et on s'est tous engagés. Et on a tous pris une gifle méritée. Alors j'ai arrêté d'écouter la mort. Mon Camino est un sentier de braise, c'est vrai, mais je sais désormais que ceux qui naviguent à mes côtés ne doivent pas être jugés. Et quand tu arrêtes de juger, tu retrouves un début de sérénité. Tu apprends à tomber et à te redresser, à te faire sage un peu plus que tu ne l'as été. Et tes braises se transforment en bivouac de l'espoir.

Je crois également que la sagesse est souvent dans la perte des certitudes. Elle naît quand se perdent les principes et les visions définitives. Il éclot quand, de solitude en solitude, les interrogations étreignent les cœurs et effritent ce dont on est sûr. Elle se renforce dans l'abandon des choses établies, dans la recherche d'autres modèles, et dans l'ouverture. La certitude fait hériter de choses prétendument certaines et inamovibles en réalité. C'est le plus souvent de la tristesse qu'on hérite d'elle. Je crois aussi que tout ce qui est statique se périme et meurt. Il faut évoluer et avancer pour ne pas tomber dans ses pièges. Pour progresser, il faut oublier ce qui ne doit pas rentrer en contradiction avec l'espérance, avec l'expérience, avec la désespérance, comme le paysan qui trie son grain pour y ôter la poussière, il est utile de répartir ce qui doit fructifier et le séparer de ce qui doit être oublié, de ce qui va polluer la semence de la récolte prochaine. Alors, marcher, c'est rester vivant.

Finalement quand je marche aux aurores quand la nuit tarde à se coucher, je me dis qu'il y a tellement d'étoiles qu'il doit bien y en avoir une qui sera la bonne pour moi. Et je la cherche. Et je la suis. Face à l'Ouest. Vers le soleil déclinant. Ce qui sauve c'est l'espoir d'une source qui désaltère. Tant que j'ai des projets de survie, je suis dans la course, je suis vivante. Alors j'espère, je me moque des galères et je persévère. C'est cela ma magie du Chemin. Une grande espérance au milieu de mille chercheurs d'incertitude et cette immense envie de trouver une oasis au milieu du désert. Et cette oasis, quelque part, c'est vous tous ! »

Le vieux paysan s'approcha d'elle et la prit dans ses bras pour la réconforter. Elle le serra très fort. Lui qui n'avait pas de descendance, nous semblions tous être ses enfants.

— Tu as raison Francesca, nous sommes ici pour y croire mes amis, pas pour nous laisser entraîner au fond du trou par nos boulets ! Haut les cœurs et gloire à l'espoir ! Moi je m'appelle Helmut, je suis Allemand et s'il y a un enseignement que je retire du Camino, c'est qu'il faut garder espoir en l'Homme, qu'il n'est pas si mauvais et qu'il mérite probablement qu'on se réconcilie avec lui. Alors que je venais de passer les Pyrénées, je me suis tordu les chevilles en déboulant sur une pente raide. Je me suis retrouvé dans le fossé. La cheville déboulonnée, le visage écorché par les ronces et fracassé sur les parpaings. C'était inaccessible. D'autres pèlerins m'ont sorti de là et m'ont porté jusqu'au village. Ils se sont organisés. Les uns me prenant sur leur dos pendant 2 ou 300 mètres, les autres en m'asseyant sur plusieurs bâtons de marche portés à quatre. J'ai fini dans un duvet prêté par une Suédoise porté sur l'épaule de six pèlerins, comme on porte un cercueil à l'office !
Comment les remercier ces gens-là ? Ils n'avaient pas assez de leur sac et de leurs propres galères et ils ne m'ont pas laissé tomber. Arrivé au village, l'*Alcade,* le maire, m'a fait porter chez une ancienne infirmière. Un médecin est venu

m'ausculter. Je suis resté une semaine au repos. Personne n'a voulu que je paie quoi que ce soit. Tous les jours les gens venaient me tenir compagnie, et surtout m'encourager. Pour que je n'abandonne pas. Pour que je garde le moral. Pour que je ne m'écarte pas de mon engagement. Le chemin m'a défiguré et estropié, mais je le remercie, car il m'a fait un peu reprendre espoir dans l'Homme. Sans ces bleus, ces points de suture et cet immense doute sur l'éventualité de poursuivre mon Chemin, je n'aurais pas progressé. Si je n'avais pas été arrêté par la rocaille et les épines du Camino je n'aurais pas avancé. Depuis je cherche toujours à savoir comment le lendemain va se déguiser pour continuer à me faire avancer. Alors j'accepte bien volontiers les épreuves qui sont mises sur ma route. Je ne vois plus dans les autres des méchants, des jaloux et des rapaces, mais des porteurs de pèlerin, des soigneurs, des donneurs d'espoir. C'est ma nouvelle philosophie de la vie. Grâce au Chemin. Au lieu de me morfondre, je tente de me refondre dans cette logique. Et ce n'est pas gagné d'avance. La voie de Saint-Jacques n'est pas une balade, c'est un parcours d'obstacles où tu dois faire tes preuves, surtout vis-à-vis de toi. Et moi je cherche à rester à la hauteur. Pour cela je ne cesse de grandir.

Ainsi, il faut s'ouvrir pour guérir. Il faut vivre en rescapé. Et quand on rentre dans cette logique ou tout n'est que bonus, on apprend à s'émerveiller de ce que l'on a. On cherche aussi à aller chercher ces moments de bonheur. C'est ainsi que j'ai appris à m'asseoir tous les jours une heure pour contempler le paysage. J'espère *caminer* jusqu'au bout. Pour aller jeter mes péchés dans la mer et les laisser s'emporter dans la marée. Pour faire face à Jacques, le Saint, le battant, le persévérant. Et partager surtout avec lui quelques confidences. J'aurais appris peu de choses jusque là, mais elles sont essentielles.

La première est que si l'obstination est vice, la persévérance est vertu. Et qu'il ne faut pas confondre les deux. S'obstiner c'est tenter l'impossible, comme pour contredire les lois de la vie. C'est comme vouloir le suicide par l'aveuglement. Persévérer au contraire, c'est continuer malgré la peine et les difficultés, en acceptant les obstacles et en les affrontant avec le courage. Cela je ne le savais pas avant. Obstiné, j'ai voulu continuer malgré une blessure au pied. Cela a déclenché une infection générale. J'ai cru en mourir à l'hôpital. Alors que je voulais tout abandonner et me faire rapatrier, j'ai tout fait pour rester, une nouvelle fois. Et persévérer vers Compostelle malgré ce coup presque fatal. Le plus dur a été de me persuader que ce n'était pas Saint-Jacques qui ne voulait pas de mon arrivée jusqu'à lui. À l'auberge, un jeune Russe qui me voyait en convalescence et qui venait de finir son étape du jour m'a abordé comme ça, d'un trait, et m'a dit : *Plus les obstacles de ton pèlerinage sont élevés et plus le Ciel sait qu'il peut placer la barre haute, buen Camino, Petit la chance !*

Je l'ai pris comme un signe. Sans cet encouragement bizarre, j'aurais tout lâché en étant persuadé que j'étais maudit. Je n'ai jamais revu ce Russe. Je suis certain que ce n'est pas par hasard qu'il est venu me parler. C'est cela la magie du Chemin. Depuis aussi, je suis plus à l'écoute, sans évaluer, sans interpréter, sans investiguer, sans conseiller, sans chercher à consoler. Et désormais je trouve sage de ne pas croire les mots, mais les actes qui les suivent. Le Chemin m'a dit d'avoir confiance dans les autres. Il m'a réconcilié avec l'humanité. Je sais maintenant que dans la difficulté il y en aura toujours qui t'aideront. On n'est jamais seul face à la vie. Cela a renouvelé mon espoir dans l'humanité, moi aussi en rescapé ! »

Notre cercle de pèlerin ne cessait de s'agrandir. Peut-être parce qu'il n'y avait guère à l'horizon d'autre zone ombragée dans ces heures cuisantes du milieu du jour. Peut-être aussi parce que finalement dans ces instants d'échanges le verbe se transformait en pain partagé. Chacun se soignait là finalement des mots réconfortants de ses voisins d'odyssée. Un Grec demanda alors la parole.

— Bonjour à tous, je m'appelle Ionie. Je marche depuis Rome. Je crois qu'il ne faut pas non plus idéaliser les Hommes parce qu'on est tous en recherche de quelque chose de meilleur. Il ne faut pas se mettre hors sol. Et c'est bien la limite des Hommes. Je suis content de mon Chemin, mais peut-être y ai-je appris à limiter ma naïveté. Je voulais atteindre les profondeurs de moi et admirer les beautés du monde, car je crois que c'est le plus efficace vecteur du sacré.

Mais ce que je retiens jusqu'ici du Camino, c'est que le mal peut naître et fructifier à l'ombre du bien. À l'ombre de la ferveur et de la générosité du Camino fructifient le vice et la prédation. Je pense d'abord à ces prédateurs de Dieu, qui font par exemple payer pour rentrer dans les lieux saints. Si tu veux prier, il faut te faire racketter. Je trouve cela assez ignoble. C'est du vol. C'est aussi une faute éthique qui prend la forme d'une vraie trahison envers ceux qui ont souffert et mis du cœur à l'ouvrage parmi les constructeurs de ces édifices. Ces lieux sacrés fermés aux pèlerins s'emparent d'un argent mal acquis qui porte malheur. Leur méthode est vouée à la malédiction de ceux qui, n'ayant point posé la moindre pierre sur cet édifice, cherche à en tirer bénéfice. En revendiquant les choses d'en haut pour justifier de cette spoliation, on en vient à des choses bien basses. Quand l'accès à l'Église se fait payant, le spirituel le cède au commercial. Et cela m'éloigne des représentants de Dieu. Nous sommes des pèlerins, pas des touristes ni des porte-monnaie harnachés de sacs à dos.

Et puis, je pense aussi à ces aubergistes trop avenants pour vous faire rentrer chez eux et trop arrogants quelques heures plus tard, soit pour vous affamer avec des menus pèlerins en peau de chagrin, soit pour vous faire quitter les lieux avant huit heures du matin. À Lorca de Navarre, j'ai eu droit à tout cela et j'ai failli ne jamais finir le chemin à cause d'un branchement électrique des plus dangereux bricolé dans une salle de bain préhistorique. Quand on héberge des pèlerins, on considère que tout est permis. J'en suis reparti en miraculé du 220 volts avec une dysenterie carabinée. Un ami m'a même dit qu'au gîte financé par l'Europe de O Cebreiro il n'y a pas de porte dans les w.c. ou les douches et qu'on est concentré à plus de cent vingt dans une grande pièce confinée, lit double contre lit double. Parqués comme des animaux. Moi j'y dormirai à la belle étoile. La *culture* a des diversités que je n'aime pas toujours, sans pudeur !

J'ai eu aussi le cas de cette vieille dame qui, embusquée dans un petit hameau, t'offrait gracieusement une crêpe au sucre avec un grand sourire et aussitôt que tu l'avais engloutie te poursuivait avec un bâton pour réclamer deux euros ! Les brigands de grand chemin existaient au Moyen-Âge, ils n'ont pas disparu, ils ont simplement changé de forme. Pour s'en préserver, il faut toujours demander le prix de ce que l'on veut acheter. On se fait rouler dès qu'on fait confiance. Je me souviens aussi de cette pomme acquise sur un col de Roncevaux à un marchant itinérant, l'équivalant du prix de cinq kilos dans une boutique de la vallée, ou de cette portion de Tortilla achetée du côté de Santo Domingo de la Calzada pour un prix équivalent à une nuitée.

Je crois, de plus, que sur le Chemin, comme en toute chose, il est des passagers clandestins. Il y a des tricheurs de chemin, des clandestins de destination, de paquetage, de logement, d'itinéraire, et de kilomètres. Je parle moins des randonneurs qui profitent du soutien logistique pas cher du Camino, qu'on identifie vite, que de ces autostoppeurs de taxi ou d'autobus ou que de ces *fatigués* qui font porter à d'autres leurs fardeaux.

Il est donc des impostures et il faut demeurer vigilant. Il est une forme de dicton contemporain qui dit *chacun son Chemin* pour revendiquer la totale liberté qui régit la route de Compostelle. Moi je dis qu'il y en a qui sont dans une vraie démarche, même s'ils ne sont pas croyants, et qu'il y en a bien d'autres qui sont là pour profiter, pour se saisir de ce qu'ils ne méritent pas, par prétention. Je pense à ce riche pèlerin que je retrouve tous les jours depuis une semaine à l'albergue et qui arrive toujours avant moi à destination alors qu'il part toujours après. Et je ne l'ai jamais croisé sur la route. Il faut accepter sur le chemin que chacun ait sa propre perception des valeurs du monde. Ces valeurs ne sont pas forcément caritatives, universalistes ou propres à abattre toutes les frontières, mais tout de même, la tolérance ne doit pas accepter toutes les exagérations.

Ce jour-là un épicier de Viana m'a dit en me coupant une tranche de jambon alors que je lui demandais ce qu'il pensait de tous ces pèlerins : « *tes chaussures te vont, mais elles ne me vont pas, ainsi il en est de ta démarche de pèlerinage, je suis ailleurs que là ou tu es.* ». Ainsi la diversité d'approche, si elle se comprend, n'est pas une panacée, elle sert de cache-misère. Il ne faut pas confondre la tolérance, qui doit présider à la démarche pèlerine et l'intolérable, quand la liberté que tu concèdes à l'autre vient te frapper ! La diversité divise, elle est rapport de force, et mise en conflit de valeurs. Il faut constamment la réconcilier. Et tout le monde l'oublie. Et pour terminer ma peinture moins ensoleillée du tableau de Compostelle que celle que j'ai entendue précédemment, je dirais donc qu'une des leçons de ma marche est que : l'autre n'est pas toujours parfait. Il est des rencontres qui t'allègent et d'autres qui t'alourdissent. Il n'est pas que de bons hasards.

Le hasard réserve parfois de mauvaises surprises. Il ne fait pas toujours bien les choses. Sur la Grande Route, comme dans la vie, tu as de bonnes et de moins bonnes étoiles. Souvent les gens disent que le hasard n'existe pas et qu'il fait bien les choses. Ce faisant, ils s'exposent à prendre pour des chances des rencontres qui les conduisent au malheur. Moi je retiens cette leçon de vie : il est vital de s'éloigner de ceux qui nous égarent. Il y a des hasards hasardeux. À cause de cela, il faut maintenir à l'écart ceux avec qui notre cœur n'a pas de temps à perdre. Il faut fuir les mauvais penseurs. Ces rencontres toxiques et malencontreuses existent. Les pèlerins d'antan disaient que c'était des démons qui tentaient les pèlerins. Moi je pense que pour chacun, la confiance doit se mériter et qu'il faut être pointilleux pour éviter les déconvenues. J'ai vu dessinée sur une des bornes pierre indicative du Chemin, la croix à l'envers de l'antéchrist. J'ai vu taguées également tout le long de la route mille injonctions du type : « *Quand on est pèlerin on ne parle pas* » ou « *Compostelle n'est pas une route culturelle* », « *L'Homme a tué Dieu* » ou encore « *Chrétiens vous êtes maudits* ». Il y a sur la route de drôles de pèlerins qui ne font pas rire ! Il y a des gens laids et magnifiques dans le monde. Aussi, il est une autre vérité qui ressemble à l'humanité du dehors du Chemin : on ne peut plaire à tout le monde.

La rencontre est un moment important. D'un regard entre pèlerins, d'un sourire ou d'un geste on va tenter l'échange d'atomes crochus, ou l'on va s'éloigner. Il en est qui font le Camino comme des bulldozers qui viendraient racler les aspérités du Chemin, pour le seul plaisir de voir des surfaces planes dans lesquelles ne peuvent se mettre que des certitudes pures, les leurs si possible. Ces ego sûrs d'eux ont l'âme insensible et la conversation abrasive. Ils se confinent dans un *égosystème* dont il faut s'écarter. Il faut les fuir pour ne pas se faire boxer.

Je me souviens de cette Strasbourgeoise qui insultait tout le monde et qui voulait les empêcher de se dire pèlerins parce qu'ils n'étaient pas partis à pied de chez eux, à l'ancienne. Ils auraient bien été en mal de le faire ces Australiens, Américains et Canadiens. J'ai donc aussi un autre enseignement, c'est que comme dans la vraie vie : Il faut toujours fixer des règles pour reconquérir son espace vital. Donc pour résumer, la Voie de Jacques comporte des rencontres pièges. L'Homme abuse souvent de son égal. Il faut s'en protéger et prendre le soin de demander des précisions sur les prix, sur tout, pour comprendre toute la portée de ses engagements. Le Chemin est la voie du Ciel, il est semé d'embûches. Les abus ou les déconvenues sont souvent plus dangereux que les obstacles physiques. Auparavant les coupeurs de jarret et les coquillards rendaient la route incertaine. Aujourd'hui les arnaqueurs et les nuisibles existent encore. »

Alors il sembla que la pause repas avait apporté son lot de belles pensées et qu'il fallait ne pas traîner pour ne pas se faire rattraper par ses passions, ni risquer de trouver des albergues saturées de pèlerins faute d'avoir avancé à bon rythme. Les sachets de plastique se froissèrent, les sacs se fermèrent. Les chaussures enlevées retrouvèrent rapidement les pieds tannés des cheminants. Les mains jointes et avec un certain recueillement, Mario reprit la parole pour les saluer avant leur départ.

— Vous tous rassemblés, vous êtes des paroles de sagesse et pour moi dans ces moments-là, je sais que je suis un vivant. Lorsque l'on partage les problèmes, ils se font plus petits. Lorsqu'on partage les espoirs, ils se font plus grands encore. Retenez toujours que l'important n'est pas le succès, ni le but ni la gloire qu'on peut en tirer, mais le chemin qui y mène. Le but est toujours atteint toujours trop vite ! Je ne veux être ni réducteur ni péjoratif avec le Ciel, mais vous ne le savez peut-être pas encore, mais ce qui vous unit, c'est une certaine idée de la grandeur des devoirs des Hommes. Ce qu'il y a de grand dans l'Homme, c'est sa capacité à se refaire, à se défaire des boulets. À persévérer. Contrairement à l'animal, il sait pardonner et s'interroger. Il sait agir pour des causes qui le dépassent. Il a aussi ce courage du commencement, il ose l'inconnu. Or tout se fait dans les commencements. Ce qu'il y a de sombre dans l'Homme, c'est sa soif d'être, au détriment des autres, au détriment du collectif, au détriment de lui-même parfois. Pour se mettre en avant. Pour être devant. Ce qu'il y a de friable en l'Homme c'est sa motivation. La volonté est un trésor et l'abandon une malédiction. Quand il laisse tomber, tout se brise et ce tout ne se recolle pas. Ce qu'il y a de dur en l'Homme, c'est sa certitude de vérité. Chacun a la sienne et peu la partagent. Mais la vérité n'est pas ailleurs, elle est là où est celui qui la cherche. Allez donc jusqu'à Saint-Jacques partager des vérités, des volontés et des idées de commencement. Allez porter dans le monde les leçons que vous aurez comprises ici, et œuvrez de la sorte, par l'exemple de votre action au progrès de l'humanité ! Car c'est pour cela que vous marchez et que vous avez été choisis : pour porter des sourires à travers le monde ! »

La caravane des pèlerins s'ébranla alors lentement après avoir longuement embrassé le vigneron espagnol. Une pèlerine dit alors à un de ses compagnons de route.

— Tu as vu, c'est pour cela qu'on est là, pour l'ombre d'un chêne ! La *Cruz de hierro* n'est plus très loin. Un petit sentier de montagne va vite nous y conduire. Comme le veut la tradition, j'ai ramené de chez moi une pierre pour la déposer au pied de la Croix de fer. On dit que ce faisant, on se débarrasse de tous ses péchés et de toutes ses misères. On dit qu'elle délivre de tous les nœuds qui nous arrachent le cœur ou les tripes. J'ai peur de ce moment. J'ai peur que ce miracle ne s'accomplisse pas. Et puis, en même temps, j'éprouve une immense joie. Comme si cela faisait des siècles que j'attendais ça. »

Celui-ci lui répondit.

— Le miracle c'est toi, tu le sais non ? Le Ciel peut y pourvoir pour t'aider, mais c'est à toi de faire l'essentiel. Je veux dire par là que si tu n'es pas disposée à charger quelque chose de nouveau après avoir déposé ta pierre, tu persisteras dans les mauvaises voies et elles te conduiront toujours aux mêmes endroits mal fréquentés. Moi je ne connaissais pas cette tradition avant de partir, alors je vais y laisser un petit mot. Tu as remarqué comment tout au long de la route les pèlerins font des petits tas de pierres et y glissent des petits mots de papier. Ils ont tant à dire. Tant à confier qu'ils ne peuvent transmettre au Ciel. Parfois, ils les accompagnent de photos de leurs proches, comme si tout au long de la route on était dans un immense temple. Tu as vu ces milliers de Croix tressées avec des brindilles de bois sur le moindre grillage qui borde le Chemin ! C'est incroyable cette dévotion. »

Ils s'éloignèrent. Tout le monde s'éloigna. Et je restais seul à l'ombre du chêne. Un peu dérouté par la vitesse de cet abandon. Personne ne m'avait demandé qui j'étais, ni d'où je venais, ni l'objet de ma question. Rien. Comme si la fascination de la marche avait repris l'ascendant sur leurs destins. Tout cet engouement restait pour moi encore une énigme.

Alors j'empruntais leurs pas sur le sentier du pardon grimpant vers la Croix de fer. Sans savoir qu'il me conduisait à une autre réalité mystérieuse. En commençant à gravir la montagne, je saisissais que la montée avait une vertu physique qui m'était jusque là inconnue : elle permettait de prendre de la hauteur. Et en se rapprochant ainsi des nuages, on voyait plus loin, et en même temps plus en profondeur de soi-même. On peut observer l'horizon et le chemin parcouru, mais on faisait aussi face à une pente rude s'érigeant comme un mur. Le passé y est clair, mais l'avenir paraît difficile.

Le Chemin est à l'image de l'itinéraire de sa vie : on choisit son rythme, ses pauses, son niveau de souffrance consentie, son niveau de sacrifices, son engagement, la pugnacité à investir. Et si on est chanceux, on vient ici arpenter la rocaille espagnole pour éteindre certains feux de douleur et de passion et en même temps pour rallumer ceux de la joie de vivre. Voilà peut-être le Graal tant espéré.

Sur le Camino, le pied écrase la terre par défi, pour cela : la joie retrouvée. Alors sur ce sentier vers le sommet porteur d'une Croix qu'on dit magique, la piste glissante est mouillée de larmes et d'émotion. Et même ceux qui boitent ou qui sont blessés ne reculent pas. On pousse des cris en marchant. Mais on ne recule pas. On égrène son chagrin, ses colères et ses grâces. Chaque pas disperse un fardeau et recharge l'espoir. À force de fréquenter la Grande Route, j'ai toutefois l'impression de marcher à côté de moi-même. Comme si j'étais en transformation.

— Donnez-moi un pas de cette piste-là et j'en ferai une conquête ! It's my way ! me dit un Américain en me dépassant à grandes enjambées. »

Que c'est une belle idée ! Et je crois que ce qu'il y a à conquérir, c'est d'abord soi-même, la conquête en question est celle de l'humilité, une conquête qui interdit de juger. Tout est inégal sur le Chemin : le poids des sacs, les motifs, les enthousiasmes et les tristesses. Car il en est ainsi de toute diversité. C'est le patchwork qui fait joli, pas le morceau de tissus isolé. Tout se vaut sur le résultat même si rien n'est égal.

La pente ne fut pas si raide et la montagne pas si impressionnante pour atteindre le point culminant du Camino Francés : le sommet de Puerto Irago. Sur ce sommet se dressait la Cruz de hierro, certains affirmaient que c'était le monument le plus mystérieux du Camino. J'atteignais cette Croix modeste, en fer rongé par la rouille, juchée au sommet d'un mât de chêne de cinq mètres de haut surplombant un immense monceau de pierres déposées depuis des siècles par les marcheurs.

La tradition voulait que chaque pèlerin dépose au pied de la Croix un caillou transporté depuis son lieu de départ. Il représente les choses superficielles dont il faut se libérer et qui pèsent. Ils déposent aussi sur le monticule des photos personnelles et des notes manuscrites. Mon groupe du repas du midi était déjà là, en recueillement, en pleine dispersion des graviers de leurs peines. J'ouvrais mon sac pour y chercher quelque pierre à déposer quand une ombre vint me recouvrir. Je la reconnus aussitôt.

– Maître Jean ! Que faites-vous donc ici ? »

– Je suis là où la douleur du monde vient se confier Fiston. Là où même les plus mécréants viennent déposer un objet représentant ce qui les a mis en route. La plupart ont reçu des intentions de prières et des objets chers à déposer ici. Ils laissent là le poids de leur propre histoire. À partir d'ici, ils vont sortir du tunnel de leur être. Ils vont passer du côté initiatique du Chemin. Ils vont abreuver leur âme et nourrir leur esprit d'une ferveur nouvelle. Avant tu es sur la Voie, après tu es dans la Voie.

Cette colonne de chêne est le totem de la douleur du monde. Mais elle est en même temps un monument érigé en remerciement des bienfaits reçus. Tous s'arrêtent ici comme on le ferait devant une fontaine de jouvence.

Pour être renouvelé, rétabli, purifié, apuré, relevé, recréé. Ils viennent se mettre en résurrection. À partir d'ici, les larmes vont commencer à se sécher, les douleurs vont s'atténuer et les colères vont s'éteindre. Ici les barreaux des fenêtres vont être sciés et les barricadements intérieurs vont tomber. À cette Croix de fer modeste, des millions de vanités s'accrochent et y restent. Et dès demain les fêlures vont se résorber. Il en est ainsi. La vraie transcendance va désormais s'accomplir pour eux dans la répétition infinie de gestes simples qui vont soulager les âmes : le pas qui succède au pas. »

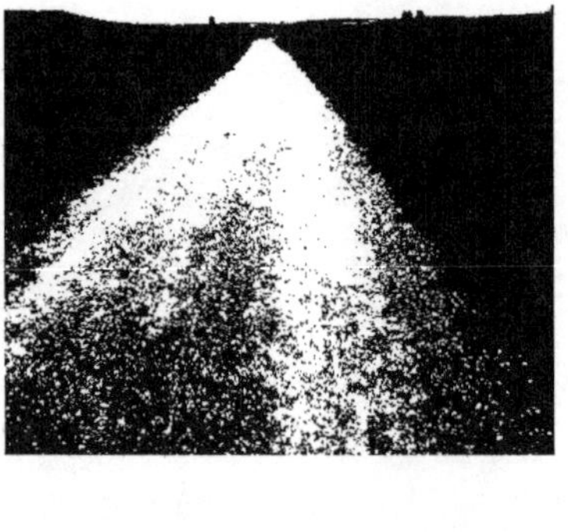

LE CHEMIN INITIATIQUE

Quel bonheur ! le Sage était revenu ! Je criais de joie.

– Mais pourquoi avez-vous disparu Maître ? Pourquoi ai-je été jeté sur le Chemin comme un pèlerin sans but ? »

– Je n'ai pas disparu mon enfant, j'étais constamment à tes côtés, dans tes ombres, celles du soleil et de la lune. J'observais en attendant que tu arrives ici pour retrouver parmi les mille pierres gisantes celle de ta sagesse. Si tu le peux ! Mais tu ne pourras la rencontrer que quand tu auras vidé ton sac et franchi ici le seuil du couloir de l'infini. Si tu veux approcher la sagesse, tu commenceras à ouvrir des yeux nouveaux sur le monde, et c'est avec ce regard-là que tu trouveras la pierre dont je t'ai parlé. »

– Comment dois-je ouvrir les yeux Maître ? dis-je.

– Je ne te dirai que quelques mots, car le reste t'a déjà été dit fiston. Alors tu trouveras la pierre où tu resteras endormi à jamais. Ces mots sont : mystère, beauté et fidélité. »

Alors le Sage s'éloigna et disparut de l'autre côté de la butte de pierres. Je m'empressais de vider mon sac, je n'avais plus besoin de rien. J'imaginais pouvoir y trouver une pierre, mais il n'y en avait pas. Pourtant je n'étais pas sans pêché ni reproches. Puis, je m'assis devant le monticule accueillant la Croix de fer et j'observais, car c'était ce que le Sage m'avait appris à mes débuts. Et tout se fait dans les débuts m'avait-on dit. Alors je me mis à compter les larmes, les prières à genoux, les cris de joie et les indifférences. Et je me persuadais que cette différence de traitement impliquait forcément que la pierre que je devais choisir ne serait pas de couleur unique, qu'elle représentait la diversité des jugements de ces cheminants. Car quand les uns pleurent et les autres rient, il n'y a pas d'équilibre. Je regardais encore ces larmes qui pour les unes se lamentaient et pour les autres remerciaient. Et je me disais que ceux qui exprimaient leurs émotions se renouvelaient tandis que ceux qui les renfermaient ne pouvaient guère que fermenter dans leur confinement.

Les premiers alors se libéraient, plus alertes en repartant et les autres s'enchaînaient, plus abattus en s'en allant. Dès lors l'expression rendait la liberté et la virginité quand l'enfermement martyrisait l'âme. Dès lors, la retenue était une fausse sécurité alors que l'expression, si elle était une épreuve, ne pouvait que redonner l'envie de construire et d'avancer. Pour franchir ce col de la Croix de fer, il fallait donc que l'on rentre dans cette logique de libération et d'ouverture. Il fallait donc que cette pierre connaisse cette voie d'esquive. Il lui fallait de toute évidence un orifice de sortie, comme un drain qu'on pose dans une blessure qui se referme. Ma pierre de sagesse aurait donc une entaille ou un trou en son centre. Pour libérer, il fallait que les liens soient coupés, la pierre sera donc tranchante, acérée pour couper les nœuds de l'angoisse et de la captivité. Et pour oser couper, il fallait avoir confiance. Mais la confiance n'a ni couleur ni capacité d'*entaillement*, alors je me persuadais qu'elle aurait des coins arrondis. Le pèlerin a toujours besoin d'affection, de pardon, d'écoute, de la tendresse et de l'indulgence du monde. Et ces rondeurs colleraient bien à ce principe. Alors persuadé que ma perspicacité me conduirait à la sagesse, je commençais ma quête. Mais trois jours et trois nuits passèrent sans que je puisse trouver la moindre pierre correspondant. Alors à l'aube du quatrième jour, un pèlerin espagnol qui me voyait affairé à remuer ciel et terre sur cette butte de pierre m'a dit.

— Ce qui est caché ne peut être convoité, es-tu sûr que tu cherches au bon endroit ? »

Je changeais de coin, sans plus de résultats. Le quatrième jour, je commençais à désespérer. Un autre pèlerin m'interpella.

— Hé petit ! Qu'est ce que tu as à t'affoler sur ce tas de cailloux ?

— Il faut que je retrouve une pierre lui répondis-je et j'ai bien du mal ! Une pierre de sagesse.

— On cherche tous quelque chose tu sais, mais ici tu ne trouveras que ce qui a été déposé pour se débarrasser de ses chimères, des pierres de misère, écoute ton instinct mon gars, il te guidera peut être, écoute le silence, trouves-en les mélodies et les couleurs ! »

Le cinquième jour, un pèlerin portugais se redressa après avoir collé une photo sur la colonne de pierre et me dit.

— Le silence est la parole de ceux qui ne savent pas et qui s'interrogent. C'est la gratification de l'innocence. Ce monde-là est hors du bruit, dans les sentiers du vide. Ailleurs, il faut faire du bruit pour exister. Il conduit à la fuite du monde. Prolongé, il devient la musique d'un grand débat en nous même. Il se fait juge des grands contentieux qui déchirent les âmes et qui paralysent les décisions. Mais ne crois pas maîtriser cet ensemble, tu ne garderas jamais le silence, ni les mots gardés qui l'accompagnent, ce sont eux qui te gardent de tes erreurs. Le silence n'est pas complet dans la totale solitude, car il serait un signe de vulnérabilité alors que par nature il renforce plus qu'il n'ébranle. Et n'oublie jamais qu'il faut faire silence à côté de l'autre pour se renforcer. Et ton innocence te le montrera : nous sommes tous des *cherchants* en quête du beau, du vrai, des principes qui président au monde, de l'initial, de l'intemporel et de l'immuable. Tu sais, toutes ces choses difficiles à comprendre parce quelles ne sont, pour beaucoup, que des mots sculptés dans la fumée obscure des mots compliqués. Sur ce tas de cailloux de la douleur universelle, chacun de ces mots correspond à une pierre déversée ici par l'humanité tout entière. Chaque pierre est le témoignage d'un passage. Comme celle que tu poses sur la tombe d'un ami pour lui signaler ta visite. Comme ces douze pierres que Josué prit dans le lit du Jourdain pour témoigner de la puissance de Dieu qui assécha ce fleuve pour faire passer son peuple. Comme la pierre noire de Bétyl qui prend témoignage du pèlerinage des orientaux. »

Le sixième jour, harassé, j'arrêtais de chercher pour réfléchir. Presque exaspéré. Puis dans la nuit je me levais pour observer la lune. Et dans le silence de ses ombres basses, je me rappelais ces enseignements : il faut mettre de l'ordre dans le désordre ; pour descendre profond, il faut aller loin, au désert, en retraite ; et ce que l'on cherche loin sur le Chemin est déjà là, en soi, on le porte au quotidien. Et la quête part de l'Est en direction du soleil couchant. Le pèlerin marche toujours entre le soleil du matin à l'Est et le soleil du soir à l'Ouest. Comme la *conquête de l'Ouest* de mon pèlerin américain. Il va vers ce lieu mystérieux où la fin du jour va épouser la fin de la terre, là-bas, quand le soleil couchant plonge dans l'océan de Finisterra. Si tu vas aux confins terrestres, disent les textes anciens, tu trouveras la trace du créateur et si tu vas aux confins de toi-même, tu trouveras le créateur lui-même. La fin de la terre rejoint alors la fin de soi.

Alors, au petit matin, je me plaçais face à l'aube naissante. Et dès que le premier rayon de lumière projeta l'ombre de la colonne de bois, j'accourais jusqu'à son extrémité. Mais rien n'y fait, toujours pas de pierre. Chaque heure j'imaginais une nouvelle solution. En vain. La pierre de la sagesse devait être une pierre du pardon, une pierre du secret de la vie peut être, je la voyais lourde. Acérée, belle, elle apparaîtrait dans un mystère et ne naîtrait que dans la fidélité, la foi, l'engagement. *Persévérance !* disaient-ils ces témoins de la Grande Route avec qui j'avais partagé le pain et l'huile !

Alors je me suis rappelé ce pèlerin qui se pliait chaque jour à une épreuve, et à celui qui disait que rien ne s'obtenait sans effort. Et puis à celui qui évoquait les vertus du mouvement et de la marche pour progresser. Alors j'ai saisi mon sac et j'ai cherché en pèlerin, en marchant sans cesse autour du promontoire, ne m'arrêtant que pour creuser soudainement dans le tas. Et je me fis subir l'épreuve du bandeau, à tour de rôle des pèlerins m'aidaient à continuer mon cercle de recherche. C'est alors que je sentis au fond de mon sac un poids grandissant. En enlevant mon bandeau, je vis Maître Jean à mes côtés et il me dit le sourire aux lèvres visibles sous sa barbe.

— Va, descend cette pente avec la pierre retrouvée. Tu viens de réussir l'épreuve du mystère et de la beauté. Dis-moi comment as-tu pu percer le secret de sa rencontre ? »

Et je brandis la pierre entre mes mains.

— Oui Père Jean, la pierre est retrouvée ! Elle est comme je l'imaginais. J'ai découvert que la beauté était en tout et que toute pierre conviendrait. J'ai compris que tout ce qui est vivant est né mystère et qu'il retournera au mystère : tourner et tourner encore, le début est la fin, l'alpha et l'oméga. Qu'ainsi ce qui est l'objet de ta quête se cache au fond de toi. Tu marches pour trouver ce que tu as déjà, mais que tu ne vois pas : sous le bandeau, avec l'aide des autres, dans l'effort, le silence, la persévérance, la joie ! Et j'ai vu qu'en tout il y a du beau, de l'acéré et de la rondeur, en tout il y a un espace de vacuité qui permet d'évacuer les trop-pleins. Et le mystère du chemin ne pouvait naître que de l'imprévu. Tout comme quand dans leur pérégrination les marcheurs ont tout programmé et tout fixé d'avance, leurs escales, leurs visites et leurs rencontres au sein d'un groupe fermé, ils passent à côté du sens du Chemin. Ils ne peuvent en sentir l'âme et sa magie ne fait que les effleurer. Et aussi je me suis souvenu que si sur le Chemin ce que tu vois ne te plaît pas, c'est que tu ne regardes pas au bon endroit ou que tu ne prends pas les bons yeux.

Alors pour que la pierre tant espérée apparaisse, il fallait que la liberté et l'incertitude m'étreignent en même temps que la détermination dans l'obstacle. Il fallait que je ne me mente pas et que je sois moi-même. Il fallait que cela s'opère dans le mouvement de la marche, car sur les sentiers de Compostelle ceux qui sont statiques sont dans le temps profane et seuls ceux qui se nomadisent sont dans le sacré. Il fallait que je comprenne que la pierre de la sagesse était dans mon cœur, qu'elle était mon cœur. Et ce faisant, la force de l'esprit me conduisant à cette conclusion, je faisais en sorte que le cœur rejoigne la raison, et que dans cette réconciliation, on fasse de la place à la sagesse. Les anciens associaient la beauté à la force pour en faire des attributs de la sagesse. Pour retrouver la pierre il fallait que je perde tout, la force d'avancer, le moral d'avancer, la certitude et que je sois aimanté par de belles choses. Mais qui n'avance pas vacille. Alors l'alchimie de l'usure a un goût de bout du bout. Ayant tout perdu, seul l'essentiel est resté. Brisé, fendu, écartelé dans cette épreuve, l'essentiel c'était la confiance en vous Maître de l'Étoile, la fidélité.

— Viens avec moi mon Enfant! Te voilà devenu un voyageur céleste, il est temps de s'approcher du but. Ramasse au hasard autour de cette Croix treize de ces petits papiers sur lesquels figurent les messages-prières des pèlerins et rejoins-moi dans la vallée près du Rio. Sur ce col, il y avait, il y a longtemps, un vent du Nord qui disait : *si ta Croix est trop lourde dépose là ici*. Les pèlerins n'en sentent plus le souffle, mais ce message a traversé les siècles en se renforçant. Nous examinerons bientôt les lourdes Croix déposées dans ces messages. Et c'est ainsi que ton Chemin de sagesse te sera indiqué. Car chacun a le sien et en voulant imiter le mien, tu te condamnerais à emprunter constamment des impasses ! »

Je fis le tour de la Croix de fer en recueillant précieusement ces feuilles pliées en dix et coincées sous les pierres avec la plus grande des dévotions par les pèlerins. Je descendis alors de la colline ou Jean m'attendait face à un vieux pont de pierre enjambant un torrent.

Il me dit alors.

— Tu as compris que le chemin de la sagesse n'est pas pavé d'or, mais de ces pierres intimes déposées au pied du calvaire. Tout doit se mériter pour progresser. Tu as réussi cette première épreuve. Il me revient la joie de te livrer certains secrets. Accompagne-moi pour les puiser dans la légende. Elle nous a longtemps été transmise par oral. Chacun est libre de ses légendes. Surtout, ne cherche pas à y trouver à tout prix des traces divines. C'est important.

— Comment Père dis-je, vous me demandez d'abandonner ici l'idée de Dieu pour parler d'un Saint et d'un itinéraire sacré ? »

LA LÉGENDE DE COMPOSTELLE

Le Sage caressa sa longue barbe et reprit.

– Ne l'oublie pas, raisonne en homme, en serviteur, pas en être qui essaierait de voir Dieu en tout et à s'imaginer à sa place. C'est un peu compliqué je l'avoue, mais tout est un peu en tout quand on parle de Jacques. L'histoire, les croyances, les mythes et les fables. On dit ainsi que le pèlerinage repose sur une légende. Mais *legenda* signifie en latin *annales, choses à lire, ce qui doit être lu*, c'était ainsi qu'on nommait les textes transmis par voie orale à lire à l'office des matines dans les monastères. Dans ces récits, le merveilleux rejoint la réalité et l'amplifie pour la graver dans les mémoires. Les récits deviennent alors des interprétations spirituelles ou des paraboles capables d'exalter les vertus de l'Homme et de la sacralité qui l'entoure.

Tu dois penser la légende en homme et penser le reste en croyant seulement si tu sens vibrer en toi ce penchant. Toute bonne croyance, forte, belle et sage naît dans cette liberté. Écoute-moi bien Petit sage, la légende disait ceci : il y a bien longtemps, Jacques était une des douze ombres du Christ. Il est pêcheur avec Simon-Pierre sur le lac de Tibériade en Galilée quand Jésus l'appelle à ses côtés. Ce seront ses deux premiers apôtres. Il est dit que dans leurs filets ils récoltaient les actes obscurs des Hommes. Ils étaient pêcheurs de péchés. Que ce faisant, ils rendaient claires les eaux souillées du lac. Tout comme Saint-Jean l'évangéliste, le frère de Jacques, baptisait en dehors de tout rite, en prophète isolé. Après la crucifixion de leur Maître et sa résurrection, les apôtres se répartirent les différentes nations auxquelles ils devaient apporter le message d'évangélisation. Jacques se vit confier la conversion de l'Espagne. Il y eut bien des déboires, ne réussissant à former que sept disciples. Jacques avait hérité de son vivant de ce travail de purification des eaux et de prophète. Il prêchait dans le désert des âmes. Vainement.

Il connaîtra cela, dit-on, pour mieux comprendre plus tard la désespérance des tâches sans fin. Pour goûter à l'amertume de l'échec sanctionnant les efforts. Il était ainsi gravé dans son destin terrestre les doléances et les meurtrissures de la vie que plus tard on viendrait déposer sur *son* Chemin. Jacques retourna alors en Judée après avoir prêché sans succès en Espagne, ne convertissant que sept disciples. Il est dit que la ville n'écoutait plus que deux magiciens : Hermogène et son disciple Philétus. Le premier tenta de lui faire renoncer à sa foi par l'intermédiaire du second. Or, c'est ce dernier qui revint converti de la rencontre. En colère contre son disciple, Hermogène le lie par des sortilèges l'empêchant ainsi de se mouvoir.

Jacques fit parvenir à Philétus un manteau miraculeux qui le délivra de ce sort. Le voilà ainsi briseur de malédiction, un autre rôle que son Chemin lui confiera. L'enchanteur ordonna alors aux démons d'aller capturer Jacques et Philétus. En chemin, les esprits malins furent interceptés par un ange, qui les enchaîna, les tourmenta et les soumit. Ils vinrent implorer la pitié de Jacques qui demanda aux démons de rapporter Hermogène entravé, mais sauf. Une fois le magicien repenti, Jacques le libéra et lui donna son bâton afin qu'il se protège des démons. Celui-ci se convertit et devint le disciple de Jacques. Il renonça à ses livres de magie et voulut les brûler. Jacques craignant d'incommoder ou d'alarmer le voisinage par la fumée issue de leur crémation les fit jeter à la mer. Ainsi parle la tradition que tu dois respecter. »

Je réagissais avec la vigueur d'un désarroi grandissant.

— Des enchanteurs, des anges et des démons, des malédictions ! Mais Père Jean, je ne suis plus un enfant ! m'exclamais-je, je n'ai plus besoin de dragons et de fées pour trouver ce que je cherche. »

Le Maître me rétorqua à juste titre.

— Le peuple est un grand enfant, tu as raison mon Petit, mais ici la magie rejoint justement les croyances, et leur combinaison nous fait rentrer dans le nuage dense et incertain de la foi et de la spiritualité. Elle fait plonger dans l'immensité vague et mouvante du passé. C'est l'Histoire qui nous éclaire dans l'obscurité du présent. Alors, sois patient, je ne t'infantilise pas. C'est si complexe la sagesse que seules les choses simples peuvent l'expliquer !

Ainsi, reprit le Sage, notre Jacques, fils de Zébédée et de Marie-Salomé, fut décapité sous le roi Hérode Agrippa en 44 apr. J.-C. à Jérusalem. Ses disciples enlevèrent son corps en pleine nuit, le mirent sur un vaisseau sans gouvernail et l'abandonnèrent aux aléas de la providence. L'embarcation aborda la Galice à la pointe Nord-Ouest de l'Espagne, au lieu-dit Iria Flavia à l'embouchure du Rio Julia. Nos anciens affirmaient que le Chemin qui mène à Compostelle, pour être fructueux, devait ainsi laisser la place aux soubresauts de la providence. Sans aléas, ils disaient le Chemin infructueux. Alors ils en conclurent que tout pèlerin devait aller sur la route sans gouvernail ni plan de navigation. Et les disciples déposèrent son corps sur une énorme pierre qui, en fondant comme de la glace sous le corps, se façonna en sarcophage. C'est de la sorte que Jacques devint tailleur de pierre et sculpta la matière. La légende retiendra qu'il fut en conséquence un bâtisseur. La province était alors sous l'égide de la Reine Louve. Un disciple lui présenta la dépouille du Saint en disant : *« Le Seigneur Jésus-Christ t'envoie ce corps afin que tu reçoives mort celui que tu n'as pas pu recevoir vivant »*.

Celle-ci refusa et les renvoya vers le roi, peu enclin à la clémence. Il ordonna leur mise à mort et les talonna jusqu'à ce qu'au cours de la poursuite, il périt noyé avec ses chevaliers, en tombant d'un pont qui se déroba sous ses pieds. Ce sauvetage fut attribué à Saint-Jacques et c'est ainsi que naquit la main invisible du Chemin. De retour chez la Louve, les disciples furent invités à rejoindre les montagnes pour atteler des bœufs réputés sauvages qu'elle leur offrit et mener le Saint corps, où bon leur semblerait. Ils réussirent à mettre en déroute un dragon qui les protégeait et à dompter les bœufs qui transportèrent le corps au milieu du palais de la Reine. Devant ces deux miracles, elle se convertit par peur de représailles, fit détruire ses temples, et ordonna de construire à la place une église à l'effigie de Saint-Jacques, dans laquelle il fut inhumé. Mais exposé aux effets dévastateurs du temps, le défaut de souvenir brise les croyances les plus enracinées. Et finalement ce lieu de sépulture fut oublié jusqu'en 813 sous le règne du roi Alphonse le Chaste. À cette époque-là, une étoile apparut à l'ermite Pelage au-dessus du Saint lieu. Cette étoile qui flamboie dans l'obscurité de l'ignorance symbolise pour nous ce que fut l'étoile qui guida les rois mages. Elle est une lumière qui éclaire les croyances. On nomma cet endroit *Campus Stellae*, le champ de l'étoile, el campo de la estrella, qu'on contractera en *Compostella*. Les anciens affirmèrent que seule la sagesse du silence et du retrait d'un ermite avait pu faire jaillir ce feu-follet jacquaire honorant le sépulcre. On cite souvent un texte ancien qui dit : *Dieu parle en secret, il parle beaucoup au tréfonds des êtres et sa parole retentit au sein d'un profond silence.*

Alors on fit venir Théodomir, l'évêque d'Iria Fluvia, qui dégagea le corps du Saint. Plus tard, Alphonse II roi des Asturies et de Galice y fit édifier une chapelle. D'autres récits de légende disent aussi que Jacques montrera à Charlemagne en songe un chemin d'étoiles qui part de la mer de Frise, traverse l'Allemagne et la France et va jusqu'en Galice. Ce chemin de murmures suit la Voie lactée.

L'empereur s'interrogea sur ce signe. Jacques lui apparaîtra dans un rêve pour lui demander d'aller délivrer son tombeau : *Je suis l'apôtre Jacques [...] et dont le corps demeure ignoré en Galice, toujours honteusement soumise par les Sarrasins. C'est pour cela que je suis grandement étonné qu'il soit possible que tu n'aies pas libéré ma terre des Sarrasins, toi qui as conquis tant de villes et de nations si grandes. [...] Le chemin d'étoiles que tu as contemplé dans le ciel signifie que tu devras te mettre en route avec une grande armée, depuis ces terres jusqu'en Galice, afin de mettre sous le joug les perfides païens et de libérer mon chemin et mon pays [...]. Après toi, tous les peuples d'une mer à l'autre devront s'y diriger pour supplier le Seigneur de pardonner leurs péchés et pour chanter ses louanges, son pouvoir et les merveilles qu'il a réalisées. Et ils y feront pèlerinage de ton vivant jusqu'à la fin des siècles...* » Charlemagne aurait obéi et mit en campagne son armée et libéra toute la péninsule. Mais Agolant l'Arabe contre-attaqua et repoussa victorieusement les Français jusqu'à Agen et Saintes. De nouvelles offensives victorieuses de Charlemagne conquerront définitivement à nouveau la péninsule.

C'est lors de son retour vers sa capitale, en traversant les Pyrénées, que son neveu Roland meurt. Charlemagne retourna douloureusement vers Aix le Chapelle en s'arrêtant avec le corps de ses héros morts, dans les sanctuaires du midi de la France : Roland repose à Blaye, et à Belin, Olivier, Gondebaud roi de Frise, Ogier roi de Dacie, Arastain roi de Bretagne, Garin Duc de Lorraine et bien d'autres compagnons d'armes. Charlemagne trouvera la mort dans la paix, peu de temps après, Jacques ayant arraché son âme à l'emprise des démons.

Alors que l'Espagne connaissait encore un de ses plus grands périls face à l'invasion du califat musulman des Maures, Jacques apparut sur un cheval blanc lors de la bataille de Clavijo, en 844. Il prit les armes aux côtés des troupes de Don Ramir et les conduisit à la victoire. Cette bataille gagnée fut décisive pour chasser les colonisateurs Maures présents depuis 400 ans. Et Jacques sera désormais nommé *El Matamoro* : le tueur de Maures. Il sera élevé au rang de Saint patron de l'Espagne au VIIème siècle lors du Concile d'Osma avant la construction de la première église d'Alphonse II érigée à Santiago en 899. L'ordre religieux des Bénédictins dont les règles donnent la priorité à l'hospitalité sera fondé en 909 à Cluny et va s'investir dans le Camino. En 951, Godescalc, évêque du Puy-en-Velay redonne force et ferveur au pèlerinage. Mais l'envahisseur est violent et brutal autant qu'obstiné. Un siècle plus tard, en 997, la basilique est détruite par l'arabe Al Mansour. Ce n'est qu'en 1075 que Sancho III le Grand commencera la construction de la Cathédrale romane qui tu découvriras à Santiago si la route de ta providence y conduit. La construction fut supervisée par les pères de Cluny qui avaient aussi préparé le Chemin en construisant des abbayes, des hôpitaux, des chapelles, des relais et des ponts. Le *Portique de la Gloire* que tu franchiras lors de tes derniers pas de pèlerins est inauguré en 1188. Les pères de Cluny assurent aussi la sécurité du Camino grâce aux Chevaliers de l'Ordre du Temple fondé par deux chevaliers français en 1119.

— Père dis-je, j'ai l'impression que toutes les malédictions se sont abattues sur notre Chemin. Je le sens fragile. Faut-il donc le protéger ?

— Sois patient, nous n'en avons pas fini avec les malheurs, mais tu as déjà compris certaines de mes conclusions, c'est bien ! »

Et il continua.

— Au Moyen-Âge, en tout cas, on redécouvre les vertus du pèlerinage. Les fidèles chercheurs de Ciel vont cheminer alors trois lieux symboliques : le Saint-Sépulcre de Jérusalem, le tombeau de Saint Pierre à Rome, et les reliques du Matamore à Santiago. Sur ces trois piliers va se fonder l'Occident. À l'époque médiévale, une épître singulière est découverte et aussi attribuée à Saint-Jacques. C'est ce texte qui a établi tout le rituel de l'extrême onction, ces sacrements que l'homme de foi dispense aux mourants.

Depuis il est attribué à Jacques le pouvoir d'intercession entre les Hommes et les forces supérieures de *passeur des âmes*. Saint-Jacques est ainsi invoqué pour accompagner les morts dans l'au-delà.

Pour revenir à la légende, ces voyages de pèlerins seront rendus possibles grâce à la protection des routes qui y mènent et qui seront assurées par les ordres Chevalier. Mais si la providence est bonne conseillère dans le suivi de route, le brigandage et les coupe-jarrets exigent mille prudences. Vers 1139, Aymeri Picaud, Olivier d'Iscam, de Vézelay et sa compagne Geberge la Flamande vont écrire un grimoire pour guider les pèlerins, préfacé par le pape Guy de Bourgogne nommé Calixte II : le *Codex Calixtinus*. Ce livre de Saint-Jacques, le *Liber Sancti Jacobi*, est le grimoire fondateur du pèlerinage de Compostelle. Il donne les quatre routes qui se réunissent en une seule à Puente-la-Reina. Surtout il décrit avec force de détail, les treize étapes à suivre en Espagne après avoir franchi les Pyrénées. Retiens ce chiffre treize, car il est aussi important. Il faut aussi que tu saches qu'à partir du XIVème siècle, les pèlerinages à Compostelle connaîtront un déclin notable à cause des épidémies de peste qui ravagèrent l'Europe et des famines liées à de mauvaises récoltes. La *Reconquista* fait également encore rage dans le Sud de l'Espagne et les routes s'en trouvent moins protégées.

Près de deux cents ans plus tard, le protestant Luther va lutter contre les *indulgences* et va condamner les pèlerinages à Saint-Jacques. Le succès de ses thèses dans de nombreuses régions d'Europe contribuera au déclin des grandes traversées vers Compostelle. Puis, comme je te l'ai déjà dit, les reliques de Saint-Jacques disparaissent. Les circonstances de cette disparition sont étonnantes. Vers l'an 1590, le corsaire anglais Francis Drake menaçait de ravager Santiago, de détruire sa cathédrale et de piller le tombeau de l'apôtre. Son évêque, Juan de Sanclemente, décida de cacher les reliques de Jacques. Mais il va mourir sans dire à quiconque où il les a placées. Pendant les siècles qui suivent le pèlerinage, décline. Mais en 1879, alors que des travaux sont réalisés dans la cathédrale, les ouvriers percent une voûte et trouvent derrière l'autel principal une urne avec des ossements humains. Le pape Léon XIII annoncera plus tard au monde chrétien qu'on a effectivement retrouvé les reliques du Saint.

— Père, lançais-je, quelle fabuleuse traversée du temps que voilà. Et la Grande Route est toujours là, impassible, figée dans le silence. Son histoire ne nous parle pas. Elle ne semble être que de la rocaille, des ornières et de longues traînées blanches qui découpent des paysages secs.

— Son histoire ne nous parle pas, il est vrai, commenta le Sage, mais il faut tenter de l'entendre fiston, et pour cela, il faut passer par les symboles et les secrets qui fondent la sagesse. Ainsi vois-tu mon Fils, en faisant Chemin, parfois sans le savoir, parfois aussi en voulant surtout l'ignorer, nos pèlerins de larmes en quête de sens marchent sans le savoir sur les treize marches qui conduisent à la sagesse. Et à leurs côtés, un millénaire de mystères clunisiens et de rites templiers jalonnent l'asphalte. Dans le silence. Dans le secret. Vigilants. Les soldats du Temple forment une voûte d'acier de leurs épées au-dessus du Camino. Dans ces replis de l'Histoire, certains imaginent de fausses légendes incrustées dans la vraie légende. Ainsi en est-il du chaudron de la Louve dans lequel des faussaires virent le

Saint-Graal, objet de la quête des chevaliers de la Table Ronde du roi Arthur. »

Le Sage repris à mi-voix, d'un ton cérémonieux, conscient de révéler une connaissance qui semblait *interdite*.

— Il est sept secrets que tu dois connaître Petit homme. Si tu le veux. Si tu y crois. Ce n'est pas un devoir, mais peut être la voie d'un bon début vers la sagesse. Sache que le jour où tu prends garde aux rêves des autres, tu rentres vraiment dans l'écoute du monde !

J'écoutais donc.

Le premier secret est dans la parabole de Jacques. Elle nous révèle que même après la mort, les actes des Hommes continuent leurs effets sur l'humanité. Que de la sorte, la fin de tout est une fin de page, mais point celle du livre qui la relie définitivement à d'autres pages. Il faut donc s'interroger sur cette postérité et chercher les autres pages de son destin. Car le mot *Compostelle, les étoiles de la Voie lactée*, vient aussi du latin *compositum ella* qui signifie *lieu de mort ou mort des apparences.* La mort n'est peut-être donc qu'apparence. Et le passeur des morts serait aussi un passeur de vivant. Le Chemin est donc un sentier de renaissance et de résurrection de soi. Il régénère les corps et les âmes. Cela commence à ce savoir. Si tu veux en examiner toute la portée, tu dois revenir à la parabole. Il faut donc travailler son héritage, et semer des graines qui dans le silence de la mort continueront à faire croître des arbres dans le cœur des Hommes.

Le deuxième secret est dans la légende de la Louve : pour convertir, il faut des actes et de la démonstration. Les idées, à elles seules, ne sauraient suffire. Il faut un parcours d'obstacles et de circonstances. Le Camino remplit cet office auprès de ceux qui se mettent en quête. Ainsi les coïncidences et les difficultés attendent des actes. Elles font partie du parcours philosophique et spirituel de chacun. Alors quand tout est programmé et aseptisé, quand tout est fait à l'écart des autres, ce progrès-là t'est interdit. Remarque bien que tout cela peut se faire dans le silence. Il est le plus beau des arguments. Dieu est silence.

Le troisième secret est dans le pas : chacune des treize étapes millénaires du Chemin contient une épreuve conduisant à un apprentissage. Chaque pèlerin y est confronté. Chacun a les siennes. Les pèlerins disent à juste titre *Chacun son Chemin* pour signifier que chacun doit pouvoir être libre de cheminer vers Jacques comme il l'entend. Et c'est là un mot juste qui pressent que tous ont des épreuves différentes à subir. Et pour réussir chacune d'entre elles, ils doivent lever les pas pour gravir la marche de l'obstacle qui le défie. Et c'est ainsi qu'il s'élève, en gravissant l'escalier des étoiles. Par suite, comme aucun n'a les mêmes, bien égaré serait celui qui viendrait porter des jugements sur le parcours de l'autre. Car pour aller vers le haut et avancer, chacun entreprend une voie différente. Sur le Chemin comme ailleurs, rien n'est égal, et tout est diversité, et il est bien vain d'imposer la dictature de l'égalité. Ainsi le Camino est une université qui, pour fructifier bellement, exige l'ouverture du livre de sa vie et la libération de ses étoiles, celles de ses espoirs et de ses talents.

Le quatrième secret est que chacune des treize épreuves comporte une tentation. Cette épreuve comporte des enseignements qui se rattachent au créateur et dans lesquels on retrouve un message implicite que l'on l'appelle le *Signe étoilé.* Le combat des anges et des démons qui opposa Saint-Jacques aux magiciens Hermogène et son disciple Philetus se poursuit. On raconte que sur le Chemin, il nous envoie des enchanteurs, des anges et des démons. Car tu vois, en vérité, le prénom Jacques est le diminutif de Jacob. Or, dans les textes sacrés, Jacob s'endormit un jour, la tête sur une pierre. Il fit un songe lors duquel il vit une échelle dont le sommet se perdait dans les cieux et où montaient et descendaient sans cesse les anges de l'éternel. Bon nombre de ces anges sont sur la Grande Route. Et il est dit aussi que la paralysie entrave bien des pèlerins qui viennent se libérer sur ce sentier d'épreuves. Ils prennent donc la route en perclus, elle les transforme en reclus, et ils y trouvent, *in fine,* le salut. La force du pèlerin n'est pas de se savoir faible face à l'obstacle, mais de pouvoir le surmonter.

Le cinquième secret est dans l'étoile. Tu connais *Ultreïa !* Ce cri de ralliement et d'encouragement connu de tous les pèlerins. Il porte en lui tout le secret de l'éternité du Chemin. Ce mot vient du latin *ultra,* avec des influences germanique, grecque et hébraïque. Il est né il y a mille ans dans des écrits cléricaux. Il figure plusieurs fois dans le Codex Calixtinus, et plus particulièrement dans la 4ème strophe du poème Alleluia : *Herru Sanctiagu, Gott Sanctiagu, E Ultreïa, e suseia, Deus aia nos* que l'on peut traduire par : *Monseigneur Saint-Jacques, Bon Saint-Jacques, allons plus loin, plus haut, Dieu nous aide*. Ces mots sont des prières d'espoir, de recommencement et de renouveau. Ils invitent à voir plus loin et plus haut pour apercevoir l'étoile qui guida l'ermite Pelage. La solution à tous les tourments des pèlerins se place là : plus haut, plus loin, plus fort.

Le sixième secret est dans les symboles. Tu dois penser aux symboles des pèlerins, car ils sont les plus intenses éclairages permettant d'approcher la sagesse. Les symboles premiers sont dans les outils du Cheminant. Les attributs du pèlerin sont au nombre de trois et tu les connais : la gourde-calebasse, le bâton de marche et la coquille Saint-Jacques. Le bâton, ou *bourdon* est un long et solide bâton dont le haut était taillé en forme de gourde. Il t'aide à la marche. Il soulage la rudesse et la pénibilité des kilomètres. C'est également une arme utile sur ce chemin plein d'imprévus et de danger. Et les paroles anciennes affirment que le bourdon du pèlerin pourrait bien être un sceptre d'éloignement du mal. Et que pareil à celui d'Abraham, il aurait la capacité de faire jaillir ce qui maintient la vie et qui sauve. N'oublie pas que la lance à forte poignée avec laquelle les champions s'affrontaient dans les tournois médiévaux s'appelait également un bourdon. C'est une arme capable de mettre en œuvre les forces d'ailleurs. Pour cette raison les évêques ont comme canne un bourdon appelé mitre. Lorsqu'il devient sceptre, c'est un symbole de souveraineté, de puissance et de commandement, c'est l'axe du monde. Rectiligne. Sur lequel on peut s'appuyer. Le bourdon est aussi l'*abacus* templier, cette sorte de sceptre long d'une toise que portait le grand maître des templiers pour symboliser son commandement.

Le bourdon symbolise aussi l'endurance et la persévérance, mais c'est une baguette symbolisant finalement le pouvoir et la soumission. La calebasse est le deuxième attribut traditionnel. Il renferme le breuvage du pérégrinant. Il est le signe de la purification par l'eau comme celui de Saint Jean l'évangéliste. La coquille Saint-Jacques que certains appellent *Mérelle de Compostelle* est le symbole le plus connu. Elle est portée mystiquement par tous ceux qui entreprennent le travail et cherchent à toucher l'étoile. On rencontre fréquemment dans les églises de grandes coques qui contiennent l'eau bénite. Mérelle signifie *mère de la lumière*. La coquille signifiait virginité, beauté et amour. Dans le Codex Calixtinus, le sermon qui s'appelle Le *Veneranda dies* précise que les deux valves du coquillage représentent les deux préceptes de l'amour du prochain auxquels celui qui les porte doit conforter sa vie : aimer Dieu plus que tout et son prochain comme soi-même. Il y est dit plus exactement : *les pèlerins qui reviennent de Compostelle rapportent des coquilles, qui signifient les bonnes œuvres... Il y a dans la mer de Saint-Jacques des poissons communément appelés vieiras qui ont sur deux côtés des protections en forme de coquilles, entre lesquelles se cache un poisson analogue à l'huître. Les valves de la coquille sont formées comme les doigts d'une main. Les Provençaux les nomment nidulas, et les Français crousilles.*

Les pèlerins la ramenaient chez eux en signe de preuve d'accomplissement de leur périple. L'un des vingt-trois miracles décrits par le Codex et accompli par Saint-Jacques à Compostelle, attribue à cette coquille des vertus curatives : un chevalier atteint d'une affection de la gorge est guéri par l'imposition de la coquille d'un pèlerin sur la partie malade. Les anciens disaient que les premiers cheminants voyageaient vers la plage du croissant à Finisterra. D'ailleurs, il n'y a pas la mer à Santiago. Et le but final de la Terre se situe au lieu-dit Padrón, signifiant *pardon* en espagnol. Depuis l'Antiquité on portait des coquillages pour se préserver de la sorcellerie, du mauvais sort et de toutes sortes de maladies. Elle va en devenir l'emblème, elle est un bouclier associé à la lance. Alors dans ces trois symboles, tu dois voir la force de la lance et la purification de l'eau et le pardon de la mer.

Les anciens disaient qu'on retrouverait cette trinité à Santiago. Ainsi l'année sainte et jacquaire est inaugurée par une cérémonie d'ouverture de la Porte Sainte au cours de laquelle l'Archevêque de Compostelle frappe à l'aide d'un marteau en argent, par trois coups, la cloison qui mûre cette porte donnant sur la plaza da Quintana. La cloison symboliserait la dureté du Chemin. De cette manière, les fidèles demandent à Jacques la permission d'entrer. Ensuite, la porte tombe. Par une grille en fer forgé visible de l'extérieur, on pénètre alors dans une petite cour, avant de parvenir à la Porte sainte par laquelle on accède à l'abside. L'apôtre trône au-dessus de ce symbole du pardon, il est entouré de ses deux disciples Athanase et Théodomir. Là aussi, la trinité est présente.

Le dernier secret est dans la pierre. Je te parlais à l'instant de la pierre de Jacob pour évoquer son échelle. Il est dit dans la Genèse qu'on l'appela *Béthel* qui veut dire *Maison-Dieu* et en même temps *bétyl*, c'est-à-dire *pierre tombée du ciel*. Dans bien des croyances, les pierres sont sacrées. Dans certains rites, toucher une pierre permet de se laver des péchés. Et on revient ainsi à la colonne de bois de la Cruz de hierro. Tu viens y apporter ta pierre pour te purifier, là-haut, plus près du Ciel, car c'est là que descend l'échelle de Jacob. Et toi qui y es resté longtemps peut être l'as-tu vue cette étoile avec l'œil du cœur, celui de l'ermite, celui de

sage que tu m'attribues peut être à tort, car je ne sais pas si j'ai vraiment atteint la pleine clarté. La tradition orale explique que depuis des siècles une chandelle étincelante vient briller sur ce sommet. Et les anciens recommandaient : *cette étoile mystérieuse, ne la perdez jamais de vue : elle est l'emblème du génie qui élève aux grandes choses et avec plus de raison encore, elle est le symbole de ce feu sacré, de cette portion de lumière divine faite pour distinguer, connaître et pratiquer la vérité et la justice.*
Si tu veux aller au bout de tout, au bout du bout de ta quête de sagesse, il faudra persévérer et regarder le ciel. Tu devras utiliser ces secrets avec mesure, et en les ajustant à ton instinct et en les mettant en phase avec ta propre trajectoire, dans la vérité et la justice. Et cette dernière te sera révélée maintenant. »

Le Sage poursuivit.

Tu vois, le Chemin est un cheminement fait pour déverser des larmes, mais il ne se limite pas à cela. Il permet de pardonner et de comprendre, mais pas que cela. Il est un pari envers soi pour s'aider, mais pas que cela non plus. La tradition des croyances dit que lorsque le pèlerin arrive à la Cruz de hierro il doit prononcer la formule suivante : *Seigneur, que cette pierre, symbole de mes efforts pendant le pèlerinage, que je dépose aux pieds de la Croix du rédempteur, puisse faire pencher* ***la balance*** *en ma faveur lorsque mes actions seront jugées. Qu'il en soit ainsi*. Or derrière ces pierres il y a de grands secrets et des symboles à découvrir. »

Jean marqua une pause au pied de la Croix de fer et vint s'abriter devant la chapelle posée à ses côtés.

LES SECRETS ET PROPHÉTIES DU CHEMIN

Après un moment de méditation le Maître reprit.

– En fait de balance, il s'agit d'une planche à bascule. Imagine une large planche posée en son milieu sur un rondin de bois. Alors quand tu entreprendrais de la gravir en gardant l'équilibre, arrivé au rondin, tu ne monterais plus, mais tu la ferais basculer. Alors, si tu tiens encore debout malgré ce mouvement soudain qui te surprend, tu n'aurais d'autre possibilité que de descendre jusqu'à son extrémité. Il en est ainsi du Camino. Il culmine à la Cruz de hierro. Avant, il est ascension. Après il est descente. Avant il est approche du ciel, après il est rapprochement de la terre. Avant il est la montée vers le soleil, après il est dégringolade vers les profondeurs de la terre. Avant il grandit l'Homme par l'effort, après il lui demande humilité. Tout cela fait partie du savoir ancestral de la Grande Route vers l'Ouest.

Le savoir est sans fin, tu peux t'y perdre. Voilà pourquoi nous devons mettre des hommes, des visages, des sourires et des larmes sur toutes ces choses mystérieuses qui nous dépassent. Voilà pourquoi tu dois faire connaissance avec les treize pèlerins qui t'ont laissé un message là-haut. Il est temps que tu examines les treize lettres puisées de la pierre que tu as emprunté au monticule des péchés de la Cruz de hierro. Pour de nombreux pèlerins, le rituel de la pierre péché équivaut a un dépôt symbolique du poids de l'âme. Tu connais les bouteilles à la mer, voici celles rendues à la pierre. Ces messages griffonnés sur du papier ou sur des photos sont laissés ici comme si les forces de l'esprit venaient les lire chaque nuit. Comme si la Croix qui les domine du haut de la colonne de bois les lisait avant de s'en faire l'avocat.

Ces supplications sont la parole du Chemin. Il faut l'écouter. Prier, c'est bien souvent faire silence et écouter. Et en prenant au hasard ces messages destinés au ciel, c'est comme si tu avais tiré les cartes de ton destin. Chacun d'entre eux contient une des épreuves que tu dois réussir pour accomplir ton Chemin. Ces messages sont des prophéties, ils sont des mots de passe. Tu vas donc les tirer au sort, et si tu veux bien les lire, je t'aiderai à les réfléchir. »

Alors je saisis le premier, un peu fébrile, car je savais bien que ces papiers-là étaient similaires à nos questions interdites, c'étaient des choses annonciatrices, des prophéties. Il est si pesant de partager la misère des autres ! J'imaginais que cela pouvait empoisonner l'âme, mais avec le temps, je comprendrai que la misère n'est pas contagieuse et qu'en la partageant on la divise.

Je me mis à lire lentement la première prophétie.

— J'ai là, dans mon sac, un message pour Saint-Jacques donné par un de mes patients. Je le lui avais promis. Il était croyant. Je n'ai pas pu le sauver ! Chacun de mes pas lui demande pardon. J'ai vu passer bien des hommes sur ma table d'opération. Des gens bien et des moins bien. Tous frappés par le destin. Des blessés de la route, des meurtris par accident, des malades. Tous en route vers la mort. Et c'est à moi qu'il revient de les départager. De prêter la main à la résurrection ou de faire tomber la guillotine. Mais je sauve. Souvent. Et il me semble ainsi que parfois je m'oppose à des volontés suprêmes. Que je les mets en colère ! Et parfois ma main faillit. Par fatigue, par négligence, par manque de bonne réaction. Je le vis mal. J'ai du mal à endurer tout cela. Si Dieu existe qu'il me soulage du poids de mes erreurs en acceptant cette pierre. À Santiago, j'irai aider les âmes parties trop tôt sous mon scalpel à passer vers le paradis. J'irai me renouveler. Si je le peux. Simon de Chicago.

— Je ne vois là qu'une lamentation de plus Père, commentais-je. Une parmi des milliers sur ce mont des lamentations. Soigner ou guérir, ce n'est pas prendre soin, ce n'est pas non plus se faire un surhomme capable de se hisser à la hauteur des forces du Ciel.

— Détrompe-toi Petit homme, répondit le Sage. Ne regarde pas la blessure qui t'éblouit de pitié, mais la flamme de l'espoir qui brille derrière elle. Ce message veut dire que ta sagesse se fera dans le renouvellement. Et passeur d'âme, si tu y arrives, tu deviendras. Et que la perfection seule permet de ne pas regretter. Car le Camino est comme une alternative à la mort et à la détresse. Une alternative au désarroi profond d'hommes sincères et dans bien des cas, une alternative au suicide. Le Chemin sauve des âmes, peut-être, mais des vies plus certainement encore !

Ému et toujours autant dans l'hésitation, je saisissais la deuxième prophétie.

— Courage, dit Jean. N'aie crainte de ton destin. Examine la marche qui correspond à cette prophétie. Ne vois-tu pas dans cette prière un homme qui croit que le Ciel a abandonné les Hommes et qu'il se retrouve responsable face à la mort de ses patients ? N'est-il pas prétentieux ? Croit-il pouvoir être responsable de la vie et de la mort ? Ne viendrait-il pas chercher dans son pèlerinage quelque exonération de responsabilité. Il veut qu'on lui dise que ses erreurs ne sont pas celles d'un coupable. S'il croyait en Dieu, il serait fataliste, comme il ne croit qu'en ses outils et en sa science il est égaré. Tu devras donc remettre sur la bonne voie les perdus et les responsables. Pour cela tu devras accepter qu'au-delà des lamentations se trouvent des augmentations de l'être et des incrémentations de l'âme. Ainsi ton premier mot de passe sur le chemin de la sagesse est *l'espoir*. Tu devras le faire jaillir. Et ainsi le jour se lèvera en énonçant : *Que l'espoir jaillisse de la douleur.* »

Alors je me mis à lire au dos d'une lettre à en-tête d'une grande entreprise qui annonçait à son destinataire son licenciement économique.

— Je ne crois en rien, ni Dieu, ni maître, ni conscience. Ma foi est éteinte. Elle s'est tarie dans la peine. Mais je fonce sur cet itinéraire pour vite retrouver un boulot. Il faut que j'apprenne à me battre pour ne pas me faire griller ma place. Pas pour m'acheter des choses de luxe. Juste pour vivre dignement. Sans mendier. Sans demander. Il me faut des sous pour qu'on me respecte, pour qu'on m'écoute et pour qu'on m'entende. Je cours à Compostelle pour compter parmi les vivants. Non, je ne suis pas le néant parmi les étoiles du monde. Moi aussi je veux en être une. Même si elle est petite et lointaine. J'ai redécouvert le long de la route vers Santiago un peu de bienveillance. Alors j'écris ce mot pour graver là ma bonne volonté envers celui en qui je ne crois plus. Pour tendre la main. Que cette pierre en soit le signe ! » Octave le sans-travail.

Le Sage me questionnait aussitôt.

— Alors jeune Impétrant, que retiens-tu de cette prière prophétique ? »

Comment ne pas donner du sens à ce message qui me toucha ? Je rétorquais.

— Quand le destin vous prend tout et qu'il donne tout à d'autres, on a du mal à croire en Dieu. Et si on n'a pas confiance en cette toute-puissance, comment croire alors dans les Hommes ? Le monde humain d'aujourd'hui a besoin de preuves et d'actes de démonstration. Le monde céleste est avare de tout cela. Alors ses dogmes génèrent plus de doute que de jubilation. Je comprends cette extinction de foi Maître. J'ai de la peine face à ce destin d'homme qui semble humilié. L'humilité n'est pas l'humiliation.

— Cela est vrai reconnu le Sage Jean. Faute de présence démonstrative, les flèches de l'esprit s'émoussent et les élans de l'âme s'enlisent dans la perte d'espérance. Il est plus facile de suivre Dieu quand on est gardien de sa cellule dans un monastère de Chartreux, soumis aux règles d'ascétisme les plus rudes, que lorsque le tumulte des temps présents démultiplie les distractions. Il est plus aisé de croire en quelque chose dans le silence que dans le bruit. Regarde tous ces pèlerins qui passent les écouteurs sur les oreilles. Ils se coupent du monde pour plonger dans leur musique afin de se faire sourds à l'angoisse de rester avec eux même. Ils s'ennuient avec eux-mêmes. Ils se font peur. Alors ils se murent dans leurs berceuses, dans les coups de batteries et les trompettes stridentes. Comme s'ils se cloisonnaient dans leur propre film. Le silence restaure et le bruit détruit l'être. Mais sors de la cellule dans laquelle est enfermé ton esprit, interdis-toi de juger, affûte ton raisonnement, analyse ce message sans chercher à mettre le blanc d'un côté et le noir de l'autre, que vois-tu alors ? »

Je pris mon temps pour réfléchir. Puis j'avouais.

— Une fois décantées mes petites incompréhensions d'injustice, je vois chez ce brave pèlerin une volonté réelle de réconciliation. Je note aussi une envie notable d'aller puiser de la force dans l'effort. Il va à Santiago parce qu'il se sent banni. Comme si le manque de travail voulait lui voler la part d'humanité à laquelle il a droit, le rejetant ainsi dans le règne animal ou végétal. Mais je sens aussi de la force en lui. Le Ciel l'aidera. C'est un vivant. »

Jean sourit et me glissa.

— Sème un effort et tu récolteras un acte, sème un acte et tu récolteras un espoir, sème un espoir et tu récolteras une étoile. Les Hommes de ton temps ne cherchent qu'à posséder, or aimer ce n'est pas être propriétaire, ce n'est pas être non plus le guide absolu de ce que l'on détient. Quand tu sèmes le blé, tu abandonnes à la terre ce que tu possèdes pour le démultiplier. Tu fais mourir dans le présent ce qui nourrira dans le futur. C'est ainsi que tu dois envisager ce signe. Ton épreuve, c'est peut-être d'apprendre que rien n'est perdu, ni éteint, jamais. On revient transformé de Compostelle. Tu y réfléchiras encore. »

Je demeurais dans le doute et la réflexion, mais je rajoutais.

— Maître, cette prophétie laisse supposer qu'il me reviendra de raviver les flammes et de remettre un sens là où il n'y en avait pas et là est un rude défi. »

— Oui répondit le Sage, ainsi ton deuxième mot de passe sur le chemin de la sagesse est *la force*. Tu devras le partager. Et ainsi le jour se lèvera en énonçant : *Que la force vienne édifier aux côtés de l'espoir.* »

Puis Maître Jean m'invita à lire le message suivant.

C'était la photo jaunie d'un vieil homme debout devant l'attelage tirant une charrue. Au verso, je lis ces mots.

— Seigneur, je suis pour vous une inconnue. Une pèlerine de rien. De nulle part. Chez elle partout. Pauvre. Seule. Je dédie mes pas à l'espoir et à la joie. Moi qui ai tout perdu, je ne demande rien. J'ai tout à offrir. Je fuis un esclavage. Mais on ne se sauve pas de soi-même. Je viens prendre des coups, ceux du soleil, des orages, de la poussière et de la boue. Je viens cesser de bavarder sur ma peine. Je viens poser un acte, ici, avec cette pierre. Je fais ce chemin pour mon père et pour toutes les pauvres âmes qui ont été prises en otage par l'alcool et toute autre addiction. Papa je t'aime, tu me manques beaucoup. J'aurais tant voulu que nous fassions ce voyage ensemble. Que cette pierre te donne mon adresse pour me retrouver ici bas.

Puisses-tu rester à mes côtés jusqu'à Santiago. Que ta volonté soit faite. Jenniffer. »

J'enchaînais aussitôt pour montrer à Jean que je cherchais à accomplir d'emblée la première recommandation de la Croix de fer.

— Je vois ici encore le néant, le rien, le nulle part. Duquel sort la volonté de faire face pour avancer et l'idée que l'amour pour rendre éternel dans la mémoire des Hommes. La Grande Route est un passage de libération, comme un itinéraire qui permettrait de sortir des labyrinthes les plus complexes. On vient parler aux âmes des défunts dans l'ombre du chemin, et on accomplit sa marche en habité, accompagné d'une présence. La marche est un rituel. Mais nous marchons certainement comme nous vivons, avec les mêmes défauts et un peu par instinct primitif. C'est la fraternité qui unit tous les marcheurs, les vivants comme les morts, les présents comme les absents, qui crée la magie du Chemin. C'est cela le miracle : on fait rallier tout son être et on le partage dans un échange désintéressé avec ses frères et sœurs pèlerins. Alors on devient une fratrie, avec comme père le Jacob et comme mère la merveilleuse destinée. Ce n'est que comme cela que le chemin se construit : dans un lien frémissant et riche en mouvement. Le Camino est collectif ou n'est pas !

— Tu as bien compris mon Fils, s'exclama le Sage avec grande satisfaction, car mon enseignement arrive à sa fin. N'oublie surtout pas ce qui est au cœur de ton déplacement sur la planche à bascule et qui empêche tout excès : la juste mesure ! Et ainsi ton troisième mot de passe sur le chemin de la sagesse est *l'équilibre*. Tu devras le mesurer. Et ainsi le jour se lèvera en énonçant : *Que l'équilibre ajuste la force.*

— Oui Maître, disais-je en prenant la prophétie suivante. L'espoir, la force et l'équilibre.

C'était un ruban de couleur verte en papier brillant écrit sur une longue ligne unique qui disait.

— Là où il y a une volonté, il y a un chemin, et là où il y a un chemin il y a un pont. Je suis sur le chemin pour voir les ponts. Là où il y a des ponts, il y a des leçons de vie. Ils sont le passage et la traversée. Ils symbolisent les passages d'une étape à l'autre, d'un stade à l'autre de la vie. Ils sont des passeurs de traversée. Des *traverseurs* de vérité. Je fais ce Camino pour rentrer dans son histoire, dans ses strates géologiques, pour caresser et sentir les pierres, pour admirer ses monuments. Je viens mettre mes pas dans ceux des pèlerins médiévaux. Et puis parler avec le temps. Et puis murmurer avec le passé et tenter de te trouver. Je vais flirter avec les pierres endormies et jouer avec. Je viens entendre le son du maillet qui fait graver le ciseau dans la pierre qui fera pont. Nous verrons bien. Je suis persévérant. Par ce message, je viens taper à ta porte. Pas après pas, dans le bon ordre. Dans tes livres sacrés, il est dit : *frappe et on t'ouvrira* alors je tente ma chance. »

Et Maître Jean me dit.

— Dans les temps anciens, le passage des rivières était parmi les périls les plus grands du pèlerinage, dans le jargon des pontonniers on les appelle des coupures. Les ponts sont les liens de continuité qui font du Chemin une seule et même cordée d'humanité. Le pont est un art d'ingénieur, de géomètre, et d'artisans qui fait enjamber les eaux avec les branches de pierre d'un compas plus ou moins aplati, tout ouvert. Souviens-toi aussi qu'on nomme le pape le souverain pontife, le pontifex maximus, parce qu'il était gardien du pont sacré sur le Tibre protégeant Rome et construit plus de 600 ans av. J.-C. : le pont Sublicius. *Sublica* vient de la langue Volque et signifie planches de bois. Tu vois on retrouve l'image de la planche à bascule. À Rome, les pontifes sont chargés de l'entretien du pont sacré en bois. À la tête du collège pontifical, leur chef, le souverain Pontife porte le titre le plus élevé de la religion romaine et surveille les activités des autres pontifes. »

Je tentais une phrase qui se voulait *intelligente* en réponse à cette analyse savante.

— Pensez-vous Maître Jean que les pierres nous parlent ? Moi quand je me fais visiteur, je suis toujours déçu par le côté inerte de la pierre. Elle ne me parle pas du tout ! J'admire l'art qui les assemble, mais il me semble aussi muet dans ses messages que beau dans ses figuratifs. N'est-ce pas là un pèlerin-touriste un peu illuminé qui nous a laissé un mot un peu folklorique tout au long de ce rouleau d'écriture ? Le tourisme n'est-il pas la négation du pèlerinage ? »

Le Sage fit *non* de la tête et me sermonna un peu.

— Dans ta récolte, il n'y a pas de messages du hasard, il n'est que des signes. Regarde, tu viens de recevoir un nouveau message d'espoir et de détermination. Celui qui aime la pierre aime le silence et le bel ouvrage. Celui qui aime les ponts aime les liens qui nouent les Hommes. Tu devras te faire pont entre les Hommes, en passeur de pierres, pour atteindre la sagesse. Et puis tu sais, la pierre est austère, mais elle fait du bien face à l'excentricité. Elle compense ces excès d'émotions exotiques que suscite trop souvent la marche d'essence touristique d'exaltés superficiels. On a labellisé le *Saint voyage* des anciens. Peu importe, le tourisme exprime une ouverture à la connaissance et donc une démarche qui ne se limite pas, le plus souvent, à la curiosité, mais qui, au contraire, peut contenir les germes de la marche pèlerine. La pierre reste sur terre. Elle n'est suspecte d'aucune déshérence culturelle. Elle joue entre verticale et perpendiculaire pour édifier les monuments sacrés de recueillement ou profanes de passages. Une belle traversée de vie vers Santiago passe par cette austérité joyeuse et conviviale. Rappelle-toi du pont qui en s'effondrant noya les adversaires de Jacques. Construit ou détruit, le pont se fait lien ou lance ou bouclier. Mais il est vrai, il n'y a pèlerinage que lorsqu'il y a effort. Le reste n'est que promenade. Tu le sais, le Camino fait tout quitter. Il fait plus humble, plus serviable, plus modeste, plus pénétré d'humilité. Il initie. Il fait mourir des choses pour en faire naître d'autres. Naître de nouveau n'est pas aisé, et comment identifier la pureté de nos motivations à naître de nouveau ? Vois-tu, par la pierre du Camino les esprits s'aiguisent et les âmes gagnent en épaisseur. Et surtout, surtout ! Tu trouveras toujours du sens pèlerin derrière un regard marqué du signe des larmes tombées dans la difficulté ! Et bien souvent, les grandes difficultés construisent les grandes joies.

— Maître, dis-je après un moment de réflexion, cette prophétie montre donc, je le crois, que rien ne peut se faire sans écouter le message des murs et des pierres. Ils nous parlent et nous devons les entendre. Toute lucidité passe par là : les messages de l'Histoire portent les semences de la sagesse. »

Jean acquiesça de la tête et me dit.

— Et ainsi ton quatrième mot de passe sur le chemin de la sagesse est *le discernement.* Tu devras le mesurer. Et ainsi le jour se lèvera en énonçant : *Que le discernement ajuste l'équilibre.* »

Je saisis un nouveau message pour interrompre le Sage qui n'en finissait plus et j'entamais aussitôt sa lecture.

— Vous. Qui êtes-vous ? Vous m'avez mis sur le chemin une deuxième fois de plus. S'il vous plaît, révélez-moi pourquoi. Vous Seigneur, ou Dieu, ou je ne sais qui, aidez-moi à comprendre ce que vous voulez que je sache. Je reviens ici pour savoir. Pourquoi cette nouvelle marche vers le néant quand mes jambes ne me portent plus. Il est des marches où l'on se fuit, où l'on se suffit, où l'on se perd, et où je l'espère, on se retrouve. Telle est la mienne ici. Que voulez-vous de moi ? Que la pierre que je dépose ici puisse enfin me délivrer du fardeau de mes erreurs ! Ce sont des erreurs d'aveuglement, mais pas seulement. Parfois, ce sont des erreurs choisies. Alors je fuis. Sans jamais me retrouver. Il est des marches de souffrance, d'espérance et de retour vers sa terre promise. Moi j'espère la trouver en chemin, pour n'avoir jamais à revenir. Le Chemin est raboteux pour moi, et la route interminable, à cause du doute et de la culpabilité. Je tire mon boulet de bagnard. Il est des marches de libération qui forment caravane vers le futur, pour faire le deuil d'un passé noir. Nous sommes nombreux à la vivre. Je ne comprends rien à la vie. Peut-être que je ne regarde pas au bon endroit. *Vous*, vous avec des majuscules et du pouvoir, vous avec des ors et du savoir, aidez-moi s'il vous plaît à y voir clair ! Aidez-moi s'il vous plaît à lever ce voile mystérieux que la raison humaine ne peut traverser sans votre recours. Que cette pierre noire laissée ici devienne blanche. Comme celle du petit Poucet. Pour retrouver mon Chemin. Emma. »

Maître Jean, en verve, enchaîna.

— Chaque homme est une porte, une fenêtre, un grenier, une source, un refuge, une évasion, une tradition, un deuil… et une incertitude. Le doute brise certaines âmes. Chacun a une mission à accomplir ici bas. Pour ce qui est de l'incertitude, il est notable que nombre de ceux qui vont vers Santiago sont des êtres égarés qui cherchent des réponses. Mais il n'est pas certain qu'ils les trouvent. Peut-être, en effet, parce qu'ils regardent trop dehors et pas assez en dedans. Quand tu vis la route comme une grande fête foraine, entre éclats de rire et éclats de voix, entre hôtels de luxe et gîtes privés, entre les tonneaux de Bacchus et la légèreté de Dionysos, tu laisses fermés les yeux du cœur. Ta porte, alors, se ferme aux rencontres, ton grenier engrange des plaisirs nombreux, mais qui te laissent insatisfait. Ta source se meurt dans les excès. Ton refuge est dévasté par la légèreté et les histoires sans lendemain. Tu te fais plaisir alors que tu es là pour faire plaisir aux autres ! Souviens-toi, dans la mythologie grecque, Diónysos est le Dieu de la vigne, du vin, des excès, de la folie, de la démesure, du théâtre et de la tragédie. Il ne vit pas sur le mont Olympe : c'est essentiellement un Dieu errant. Bacchus est son nom romain. Alors de pèlerin, tu deviens un aristocrate repu et errant, sans cap ni destination, sans capitaine ni voile d'avenir, en piétineur de belle tradition et en maudit du deuil éternel. Le Camino peut devenir alors un miroir aux alouettes. Dans les textes sacrés, il est révélé cela : *entrez par la porte étroite. Elle est grande, la porte, il est large, le chemin qui conduit à la perdition ; et ils sont nombreux, ceux qui s'y engagent. Mais elle est étroite, la porte, il est resserré, le chemin qui conduit à la vie ; et ils sont peu nombreux, ceux qui le trouvent.*

— Père, dis-je, je constate que le pèlerin se met bien souvent en route avec la douleur et les questionnements. Et ces gens-là s'interrogent bien plus que moi qui, pourtant, suis bien loin de la raison et de la sagesse. Cette prophétie semble inviter à la modestie et à la tempérance.

— Tu as raison Petit homme répondit Jean, et bientôt peut-être comprendras-tu que ton innocence est une des plus belles formes de sagesse. La simplicité et la pureté ne peuvent que t'y conduire. Et ainsi ton cinquième mot de passe sur le chemin de la sagesse est *l'humilité*. Tu devras le semer. Et ainsi le jour se lèvera en énonçant : *Que le discernement sème l'humilité.* »

— Tire le prochain message Petit homme, dit Jean, tout est lié. »

Le mot suivant était écrit au verso d'une carte de tarot maintenue pliée en trois par une épingle à linge. Je le lisais.

— Je ne crois pas à tout cela. Les reliques, les saints, les mythes. Mais le paysage est beau. Alors je suis passé là. Sans pierre à déposer, alors je ferai le mouvement inverse. Je prendrai une pierre et la ramènerai chez moi. Pour te soulager, toi le Ciel, chef de tout ! »

Sur cette carte on voyait un ermite, le bâton à la main, avec cette lanterne qu'il tend devant lui. Je restais hésitant ne sachant comment analyser cette lame. Le Sage lui aussi était intrigué.

— Voilà qui est bien paradoxal, dit-il, un mécréant qui utilise un arcane pour parler à Dieu, et qui, de plus, vient partager son fardeau en le soulageant d'une pierre. Un de mes guides d'apprentissage disait : *Si tu veux prendre là où il faut donner, ne te trompe pas en prenan*t. Tu es sur le Chemin pour donner et déposer, pas pour prendre et charger. C'est bien extraordinaire cette démarche ! Et il faut que tu saches que cette carte n'est pas choisie innocemment. Regarde là bien et comprends. Elle nous montre un personnage réceptif, à l'écoute, patient, méditatif, réservé, silencieux et humble. Il est intelligent et modeste.

L'ermite est en mouvement, il semble savoir où il va, et il a décidé de s'y rendre de nuit... Il est orienté vers la gauche, c'est-à-dire qu'il se dirige vers la source de toute chose, il est en quête de vérité. Le fait qu'il s'isole confirme qu'il est dans une période de recherche et de méditation. Il traverse une période de remise en question, d'introspection afin d'amorcer un changement. Il éclaire une petite zone qui représente une partie du mystère révélé. Ses découvertes l'amènent à modifier son comportement ou son action ou la configuration d'une situation. L'ermite est d'un âge avancé, sa destinée est déjà déterminée, il ne cherche plus à changer son destin, mais il est en pleine quête mystique. Peut-être cela veut-il te signifier que tu deviendras un jour un grand Sage et que le démon de ton épreuve sera la tentation et l'ambition.

— Maître, interrogeais-je, faut-il croire dans ces cartes, dans la voyance ou toutes ces choses inexpliquées de l'ésotérisme ? Est-ce bien sérieux ? N'est-ce pas se tromper de Dieu ou se diluer dans des eaux qui pourraient nous faire sombrer ?

— Je ne saurais te répondre, rétorqua Jean, j'ai cependant une conviction très ferme, c'est qu'il faut toujours demeurer ouvert à la providence, et faire de la place aux entrelacs des circonstances. Elle n'est pas toujours divine d'ailleurs, mais il ne faut pas se fermer à ses messages. Les divinations ne viennent pas du divin. Est-ce que tout est déjà écrit ou tout reste-t-il à écrire, je ne saurais me prononcer. Ainsi quand la neige vient à tomber la nuit, elle n'en est pas pour autant noircie par l'obscurité. Et ainsi, ce qui arrive du Ciel dans les ténèbres n'est pas pour autant noir. Et il en va ainsi des légendes et des mythes ou des ésotérismes : issus d'horizons qui plongent dans les ténèbres, on ne saurait les dire noirs pour autant. Mais le fait que tu ais choisi ce papier parmi des milliers de courriers destinés au Ciel est un signe qui me laisse penser que tu deviendras probablement un porteur de lanterne et que tu éclaireras peut être l'obscurité des autres dans ta quête. Et ainsi ton sixième mot de passe sur le chemin de la sagesse est *le doute*. Tu devras l'éclairer. Et ainsi le jour se lèvera en énonçant : *Que l'humilité éclaire le doute.* »

Après une pause, la Sage continua.

— Laisse-moi lire le prochain message mon enfant, si tu le veux bien. »

Je tendis au sage une feuille sur laquelle apparaissait un planisphère et au dos de laquelle il était écrit.

— *Buen Camino !* C'est ce qu'ils me disent tous en me croisant. S'ils savaient ! En fait ici tu rencontres de tout. Tu viens prendre ta part de bien et de mal, de belles rencontres et de malotrus, ta part de poussière et de lumière. Sur notre passage dans la montagne, il est des champignons comestibles et d'autres qui ne le sont pas. Comme dans la vie. Ici le pèlerin vénéneux côtoie le pèlerin vénérable. Mais j'avoue que toutes mes pensées se simplifient au fil du kilomètre. Mes pas me montrent une forme de sens de la vie et donc de la mort. Je viens faire face aux outrages du destin, à ses insultes et à sa méchanceté sans limites. J'avoue que j'ai cherché ailleurs des solutions. J'ai fait du chakra, du bouddhisme, du spiritisme, du chamanisme, du philosophisme. Bref, tout ça m'a amené là. L'Inde, le Surinam, le Japon et la Corée m'ont fait atterrir ici. Sur cette route des libertés bizarres, des fraternités furtives, des amabilités oubliées, des réconciliations avec le monde et des grandes décisions. Loin de la violence du quotidien.

Sur le Chemin de toutes les vérités spirituelles se tiennent ! Il te forge, te sculpte et te façonne. Il te pousse au désert. Mais moi, je fais un Camino de rupture. Pour tout casser. Pour tout démonter. Pour tout remettre à zéro. Pour n'emprunter que des chemins d'idées. Pour traverser mes peurs. Fier d'avoir affronté chacune d'entre elles. Et convaincue profondément que j'ai en moi les ressources pour tout traverser. Comme une âme d'errance. Dans une religion des instants improvisés. Riche de l'espoir du matin et de la plénitude du soir. Me suffisant du plaisir de poser le sac à terre, et de prendre un moment de répit après des heures d'ampoules au pied et de lanières qui déchirent les épaules. Dans mes rêves, j'ai du géant et dans mes réalités du néant. Ailleurs, je rêvais de gloire et ici je me satisfais de contempler les libellules. C'est ainsi. J'avais prévu d'écrire ici des lignes et des lignes, mais je vais raccourcir. En essayant de ne pas trop crier. De ne pas trop juger. De ne pas trop jurer… Alors voilà ma pierre. C'est une graine inconnue. Qui vient de loin. Pour le Ciel. Quel que soit le Dieu qui l'habite. Qu'il existe ou pas. Aidez-moi par pitié !

— Regarde ! dis le Sage, voilà que le spiritisme et ses interrogations reviennent sur notre tapis de réflexion. Examine l'expérience de ce chercheur qui s'est écarté de ses croyances pour mieux y revenir après des expériences à tâton. J'ai vu chez des frères trappistes belges qui fabriquent une bière des plus excellente, des séances de méditation zen. Il n'y a pas de vents contraires dans les méthodes d'approche de la sagesse ! Et puis parfois la transgression de la ligne droite permet d'aller plus loin. La transgression peut avoir des vertus salutaires. Je me devais de te le signifier, car tu arrives à la fin de ton enseignement. Mais tu constateras qu'elle n'exclue pas le doute, car cette personne a encore besoin d'aide pour ponctuer sa Grande Route.

Souviens-toi de cette injonction sacrée : *cherchez, vous trouverez ; frappez, la porte vous sera ouverte. Celui qui demande reçoit ; celui qui cherche trouve ; et pour celui qui frappe, la porte s'ouvrira.* Et ainsi ton septième mot de passe sur le chemin de la sagesse est *l'expérience.* Tu devras te la forger. Et ainsi le jour se lèvera en énonçant : *Que l'expérience donne force à l'humilité.*

— Que d'obstacles ai-je encore à franchir pour devenir un homme m'exclamais-je, non sans lassitude, c'est bien fatigant que de vivre en cherchant la sagesse. »

Et je saisissais la missive suivante, un bout de carte d'état-major au centre de laquelle était écrit *Kaboul* et au dos duquel était griffonné au feutre rouge.

— Mon Dieu, c'est le sergent Nelson. Te souviens-tu de moi ? Dans ces vallées-là où tu m'as envoyé, la lumière est intense, comme ici. Les ciels sont sans nuages, comme ici. Sur les cols de ce pays-là, on n'a pas de Croix de fer, mais on a souvent des déluges de fer. La guerre dans les extrêmes de l'Orient est plus sanguinaire qu'ailleurs. Là-haut mes frères d'armes sont tombés. Nous étions trois. Liés comme les doigts d'une main, dans cette complémentarité qui fait qu'on s'engueule souvent, mais que jamais on ne se sépare. Ils y sont restés. Alors je marche pour eux. Quand on a fait la guerre, on croit à l'enfer et quand on l'a vécue, ce n'est pas difficile de croire. Alors mon Dieu j'ai un message pour eux. Dis-leur que chaque jour je pense à eux et qu'ils me manquent. Dis-leur que je m'occupe de leurs familles. Et que je marche pour les aider à aller au paradis. Ils n'étaient pas parfaits, mais c'était des gars bien. Je viens leur ouvrir les portes. Mon Dieu, on dit que le long de Compostelle on reçoit parfois des réponses à ses questions. Je vous en supplie, dites-moi pourquoi dans l'embuscade ils sont morts et moi pas ? S'il vous plaît. Que dois-je en déduire ? Qu'ai-je j'ai fait de mal ? Ou que dois je faire de bien ? S'il vous plaît mon Dieu, dites-le-moi ! Ainsi soit-il.

— Tu vois, me dit Maître Pierre, pour cet homme, il n'y avait guère d'alternative : s'effondrer et dépérir lentement ou partir en quête ; marcher ici ou mourir. Notre planche à bascule initiatique est pour lui une planche de salut. Il écrit en survivant qui ne comprend pas l'injustice du monde. La vie est comme le Chemin, ce n'est pas une route paisible pavée de pétales de roses et de miel. La vie est acide, déchirante. Elle meurtrit même quand elle fait de toi un survivant. Lui est mort en survivant, car il comptabilise la différence de traitement de sa situation. Sa bonne étoile l'a sauvé, mais pour continuer à vivre il devra renaître de l'essentiel : le moment présent et la perspective d'un avenir meilleur, au milieu des autres. Là est sa guérison. Ainsi il grandira. Ainsi il avancera. Il ne sait pas jusqu'où il ira et c'est pour cela qu'il ira très loin. L'Homme a le pouvoir de transformer ses blessures en sagesse, c'est à lui de la décider. Et tu as probablement saisi le *signe implicite* de ce soldat : il se sent coupable de la mort de ses amis, et le devoir qu'ils ont accompli ensemble se transforme avec le temps en malédiction incomprise. Le voilà prisonnier entre ce devoir aveugle et la libre perception du sens de cet engagement. »

Je demeurais cependant dans l'interrogation.

— Pourquoi ai-je tiré cette supplication, Maître ? interrogeais-je.

Alors le Sage m'expliqua.

— Pourquoi ? Mais parce que les tiraillements de ce grand serviteur de la chose commune sont au centre de nos problèmes ! Peut-être aussi parce que tu n'esquiveras pas tous les coups dans la vie, fiston, me lâcha Jean. Parce que tu dois savoir qu'il faudra persévérer sans te décourager, en regardant l'horizon et en relevant la tête. Et cela se prépare, dans l'impuissance et la méditation. Mais aussi pour remarquer que ce soldat aurait pu venir jusqu'ici pour remercier le Ciel, car il a survécu à la guerre. Probablement qu'arrivé à Santiago il transformera sa plainte en chemin de grâce. Il est parti en plaignant, il repartira en ressuscité. Et probablement entendra-t-il à Santiago cette prophétie : *heureux les artisans de paix : ils seront appelés fils de Dieu !* Et ainsi ton huitième mot de passe sur le chemin de la sagesse est *le désintéressement*. Tu devras l'établir. Et ainsi le jour se lèvera en énonçant : *Que l'humilité établisse le désintéressement.* »

J'opinais en sortant de mon sac le billet suivant. C'était un dessin d'enfant. On y devinait un bord de mer dominé par les montagnes. Je commençais sa lecture.

— Je suis venu de loin te trouver. Tu m'as pris mes cinq enfants, tu m'as pris mes parents, tu m'as pris ma santé, tu m'as tout pris et tu n'as laissé que moi. Je suis sur le Camino parce que cela me semblait être une solution possible, une alternative à la détresse. Pour trouver comment reconstruire sur mes blessures sans qu'elles se rouvrent, sans qu'elles cèdent. Et pour faire des fondations solides. Pour réussir ma vie et pas forcément plier face aux règles qui exigent qu'il faut réussir dans la vie. Pour perdre ce qui est en trop et gagner ce qui manque. Pour transformer mon bâton en botte de sept lieues. Comme alternative à ma colère, à ma constante et irrémédiable imperfection. Comme pour trouver des fautes à pardonner. Et goûter le silence. Et reprendre goût aux choses. Et retrouver le sourire. C'est un peu ridicule, je le sais. Mais j'aurai tenté. J'irai au bout du monde. Là où la mer disparaît dans les abysses. Là où les rochers engloutissent les chagrins. Je tenterai de résister pour ne pas me faire happer par les flots. Que cette pierre enterre ici mon désespoir et y sème un début d'espoir. Marina du Chili.

— Maître dis-je, pourquoi doit-on souffrir ainsi ? Pourquoi Dieu, accepte-t-il cela ?

— Je ne sais pas répondit le Sage, mais la réflexion m'amène à constater que le Tracé sacré vers Santiago apaise les blessures et soulage les Hommes. Il rétablit le dialogue là où il ne pourrait y avoir d'échange avec leur destin. Pour devenir pèlerin, il faut être rêveur. Et s'imaginer qu'on va pouvoir obtenir des réponses. Un rêveur qui accroche son étoile personnelle à une lumière qui se couche à l'Ouest et qui va la suivre jusqu'à Saint-Jacques. Dans l'espoir de sortir du labyrinthe les âmes parties avant nous, peut-être en suivant cette lueur de Jacob, et de les amener au début de la matrice de la fin de la vie : le passage des morts, aux confins de la Terre de Finisterra. »

Je cherchais alors en vain à saisir le sens caché de tout cela.

— Le Camino est comme un fil d'Ariane, Maître ? dis-je alors.

— Oui répondit le Sage, un fil qui évite de se perdre et qui promet un renouveau, c'est le cordon ombilical de la renaissance en soi. C'est là le vrai sens des intentions écrites sur ces missives. Et toutes ces choses vaporeuses se créent dans de petits instants concrets : l'expérience cuisante du sac toujours trop lourd et du kilomètre sans fin qui précède l'auberge est salvatrice. La touffe d'herbe dans la rosée du matin sur laquelle les rayons du soleil viennent éclairer de rouge une toile d'araignée, une fleur sauvage qui émerge d'un fossé de gravier, cette plante frêle qui perce le goudron de la route, tout est leçon *réconciliante,* car la réconciliation seule permet aux pas d'avancer vers les étoiles. Et ainsi ton neuvième mot de passe sur le chemin de la sagesse est *le pardon*. Tu devras le pénétrer en tout. Et ainsi le jour se lèvera en énonçant : *Que le désintéressement laisse pénétrer le pardon.* »

Alors je saisis un nouveau message glané au pied de la Croix de fer et je lis au dos d'un prospectus de transporteur de sac.

— Yannick. Année de césure. 24 ans. Pas au bout de ses peines. Pour faire plaisir à ma mère me voilà à faire le Camino. Mais on ne fait pas le chemin, on ne le prend pas, on l'emprunte. C'est lui qui vous fait. On le reçoit. Avec gratitude et respect pour ceux qui nous y ont précédés. En peu de jours tant de facettes : l'expérience du défi, l'amitié simple, la fraternité furtive, l'effort, l'ampoule des pieds en feu, la prière, la sueur, la fatigue, le découragement, l'entraide, le soleil de plomb du midi, la lune rouge du matin, le ciel constellé de la nuit, la pluie battante qui soulève les ponchos, les fontaines de vin à volonté d'Irache, les longues montées sans fin, les petites descentes difficiles sur les galets, les peurs de tout, puis de rien, les sentiers rocailleux, les ornières béantes en forme de catacombe, la solitude terrifiante, les ronflements, les chuchotements, les Coréens qui se lèvent à trois heures du matin pour faire leur sac et foncer dans la nuit et qu'on retrouvera perdus quelques heures plus tard, les cris de colère parce que sa chaussure a rendu l'âme, la nuit glaciale sous la tente, les repas faméliques du pèlerin, le vin rouge qui tâche du terroir, les vaches curieuses, les taureaux en forme, les chiens aux longues dents, les moutons indifférents. Et puis, que de cailloux ! Tant de paysages, tant de visages, tant de virages ! Fatigue et joie. Les cinq sens saturés de bonheur. Je vois et donc je comprends, j'entends et donc j'écoute, je touche et donc je vis, j'hume et donc j'inspire, je goûte et donc je déguste. Chacun son exode décapant ou reconstituant. C'est merveilleux. Vive le Camino ! Ultréia ! Pour une fois ma mère a eu une bonne idée.

— Tu vois, me dit le Sage, le pèlerinage est une belle université de la vie pour tous ces jeunes. Le Camino, comme le bonheur est fait de petites choses. Dans la petite chose, l'ange est amour du peu et le démon de la myopie du devenir. Voilà donc que la spontanéité voit le bonheur dans les beautés du monde. Et ainsi ton dixième mot de passe sur le chemin de la sagesse est *la beauté*. Tu devras la faire voir en tout. Et ainsi le jour se lèvera en énonçant : *Que le pardon fasse voir en tout la beauté.* »

Un orage commença à gronder au loin et le soleil commençait à décliner sur l'horizon. Je saisis le billet suivant qui disait cela avec une écriture fébrile et minuscule.

— J'ai vu une petite flamme fébrile et vacillante. Un trou percé dans les ténèbres. Une étoile. Cette faible lueur que j'ai peut-être rêvée m'a conduit ici. Je cherche à avancer vers le temps, à aller dans mes propres extrêmes, à explorer mes abysses. Je viens brasser ma terre, remuer la paille, et bêcher mon avenir. Que la pierre que je dépose se transforme en pain. Et qu'elle nourrisse ceux qui viennent derrière moi. Je ne veux voir de ma vie que cette lumière au loin. Je viens remercier le Ciel pour tout ce que j'ai reçu, en attendant de nouveaux départs. Insister, persister, résister, ne jamais se démettre ! Je voulais être riche pour connaître le bonheur et la Grande Route m'a donnée le dénuement pour me faire plus sage. Je voulais tout à la fois pour profiter de la vie et le Chemin m'a donnée le sens de la vie pour profiter de tout. Je n'ai jamais obtenu ce que je demandais, mais j'ai reçu tout ce dont j'aurais pu rêver. Sur le Chemin on rencontre toujours pire que soi. Alors j'espère encore. Julietta de Rio.

— Observe, me dit le Sage, l'incommensurable diversité du monde de la dévotion et de la vocation cheminante. Sous la voûte céleste étoilée, on perçoit qu'on est peu, très peu, mais qu'on est en vie, qu'on est la vie, et cela, c'est formidable, c'est gigantesque ! Mais de là à croire au divin, c'est autre chose. La Légende dit que *Jacques faisait grand bruit avec ses prédications, il effrayait les méchants, excitait les paresseux et s'attirait l'admiration générale par la profondeur de ses paroles* ». Faut-il effrayer les pèlerins ou faire grand bruit pour qu'ils croient en Dieu ? Faut-il en cela les regarder de près, faut-il les regarder de haut ? Je ne saurais te dire. Faut-il juger ces croyants *non croyants* ou ces croyants révoltés que sont les agnostiques, tu sais tous ces gens qui nous disent qu'ils émettent des doutes sur une quelconque existence divine. Nombreux sont ceux qui veulent des preuves. Or la vie est une épreuve et la Voie de

Compostelle est un forage en soi, pour visiter son intérieur. Nombreux sont aussi ceux qui ne croient en aucune divinité. Ne t'inquiète pas, tu les retrouveras tous, presque tous, à la messe des pèlerins à Santiago. Mais c'est vrai que le *botafumeiro*, cet encensoir animé de façon spectaculaire par huit servants lors de la célébration leur servira d'alibi. Et c'est très bien ainsi. On vient au *Cirque* sur le Chemin pour certains, jusqu'au bout. L'essentiel est ailleurs. Et ainsi ton onzième mot de passe sur le chemin de la sagesse est *le sens*. Tu devras le mettre en tout. Et ainsi le jour se lèvera en énonçant : *Que la beauté illumine le sens.* »

Le dernier courrier de pierre était écrit sur une feuille arrachée à un livre. Je le lisais aussitôt.

— Je dépose ici une pierre de mon jardin. Elle sort de la terre, lavée par la pluie, caressée par le vent, brûlée par les rayons du soleil. Cette terre apporte de l'assise à mes pas, elle me gratifie de ses fruits et me fait pénétrer dans mes racines. La terre est cendre et travail des anciens. Je lui dois la stabilité et la confiance. L'eau, elle, me purifie, me lave et m'abreuve. Elle étanche mes soifs. Chaque rivière s'érigeait hier sur le Chemin en épreuve périlleuse et aujourd'hui s'offre en spectacle. La mer accueillera mes oripeaux de pèlerin. L'eau est vie ! Je lui dois la fraîcheur de l'espoir. L'air ventile ma pensée, il cadence mes inspirations et porte au loin les messages de la nature. L'air est l'espace ! Je lui dois la légèreté de la joie. Le feu brûle mes certitudes, consume mes réticences, attise les braises de ma volonté, et réchauffe les cœurs endurcis par le gel. Le feu est chaleur et lumière ! Je lui dois la ferveur et la connaissance. Ces quatre éléments font que loin d'être vagabond, je suis un pèlerin d'espérance. Ils font que je marche pour changer l'humanité tout entière, libre d'entraves, animé par de justes causes. Si je suis parti, ce n'est pas par orgueil face au défi ou parce que quelque chose me manque, mais parce que j'ai l'espérance de mieux comprendre le monde. Je viens poser ma pierre sur l'édifice de l'humanité pèlerine. Pour témoigner. Gaston de Arca, l'imparfait du Vatican. »

Alors le Sage commenta.

— On ne peut changer le passé, mais on le peut pour l'avenir. Il faut se tourner vers l'avenir en marchant, vers ce soleil couchant qui indique la direction de Santiago. Les échecs du passé sont les défis du futur. Il faut passer outre. Le soc de charrue s'enfonce peu au premier passage du laboureur, parfois il faut revenir sur l'ouvrage et persévérer pour aller plus en profondeur. Il en est ainsi de l'esprit. Réussir n'est rien. Rater n'est rien, persévérer est tout. Car la valeur d'une vie, c'est son poids de défis relevés dans l'action ajouté au poids de sa profondeur dans la réflexion. Elle résulte d'une somme et non un optimum, comprends-tu ? Ce qui compte, ce ne sont pas les acquis d'apparence, mais l'équation des carences et des souffrances de l'âme combinées aux forces de l'espérance et de la tolérance. Et dans l'errance du pèlerinage, la nébuleuse de l'ignorance décante et les incohérences perdent leurs travestissements. Mais tout cela tu le sais déjà ! Et ainsi ton douzième mot de passe sur le chemin de la sagesse est *la persévérance.* Tu devras le mettre en tout. Et ainsi le jour se lèvera en énonçant : *Que le sens s'achève dans la persévérance. »*

Le Maître s'interrompit. Il prit une poignée de terre, regarda l'horizon brillant et finit par dire.

— Je suis d'ailleurs, toi aussi, il est temps que je revienne à mon banc de pierre. Sais-tu d'ailleurs qu'il est creux, qu'en le retournant on croirait que c'est un abreuvoir.

— J'ai bien vu Maître, répondis-je, qu'on pouvait glisser sous son assise nos victuailles et notre cruche d'eau. Il est formé comme un cercueil de pierre. Comme celui de la Louve ? Quand donc retournerons-nous dans notre village ? Que faisons-nous ici ? D'où suis-je ?

— Ne t'ai-je rien enseigné ? dit le Sage. Il est temps que tu retournes là où est ton destin Petit disciple, rajouta Jean, et ce monde-là n'est pas le mien. J'ai été honoré d'être à tes côtés dans ces moments. Je devine que ta visite est le signe que bientôt je devrais quitter ce monde. Tu annonces ma relève. Il faudra que tu maintiennes la flamme.

— Et la sagesse Maître, comment vais-je y arriver, je suis tellement perdu dans tout cela. Et vous ne m'avez toujours pas expliqué ce que deviennent les pèlerins après leur voyage, si c'est bien utile tout ce grand mouvement. Et mon avenir, pourquoi ne serait-il pas à vos côtés ? Pourquoi n'allons-nous pas jusqu'à Santiago ensemble ? Quel est donc mon monde ? »

Le Sage se leva et me dit.

— Accompagne-moi. Marchons un peu sur ce sentier détourné. Tu sais, la destination n'est qu'une infime partie du voyage. La Praza do Obradoiro qui fait parvis de la cathédrale de Santiago n'est qu'une mosaïque de pavés. Le grand défi n'est pas la distance parcourue, mais la dimension de la prise de distance et la profondeur de la réflexion. L'or et l'encens flattent les sens et éblouissent les simples, mais ils ne sont que cérémonials. Ils sont des nécessités, pas des essentiels, tu le sais déjà. Tu arrives ni en saint, ni en héros, ni en mystique. Le Camino n'est pas un Chemin de suffisance. Pèlerin n'est ni un titre de noblesse, ni d'ailleurs un titre de sagesse. *Toute vanité est poursuite du vent* disent les textes sacrés. On ne réussit pas un pèlerinage. On le finit ou en tout ou partie. Et arriver est une grande faveur. Un bout de Chemin suffit d'ailleurs à représenter le tout : un kilomètre parcouru à mille kilomètres de Santiago est bien un bout de la Voie de Jacques !

Il n'y a pas de châtiment du pèlerinage manqué. Quand tu arrives au Monte del Gozo, où des générations de pèlerins ont découvert dans un scintillement brumeux les tours du sanctuaire tant espéré, et que tu t'écris, comme le veut la tradition *Montjoie !* C'est à la fois un soulagement et une tristesse. La destination finale galicienne est atteinte trop vite, car elle éteint tout, elle clôture tout. Pour cette raison il ne faut jamais être pressé sur le Camino, chaque pas doit se faire dans la bonne mesure. Le but physique n'est qu'une infime partie du voyage. Après la vénération des reliques est un moment de rencontre intense. Certains pèlerins ont le Ciel qui frappe à leur porte à Santiago, si, si, je t'assure, ce n'est pas si rare ! Mais le pèlerinage réveille en chacun les grandes questions, les seules qui valent la peine d'être examinées. Et surtout celles devant lesquelles tu dois faire face. Quelle que soit la longueur du chemin parcouru et la douleur de la pénitence endurée par un pèlerin, il se fourvoierait magnifiquement s'il imaginait ne pouvoir et ne devoir aller plus loin encore !

Moi pèlerin, à la lourde crédentiale, je n'aurai ainsi jamais plus peur de la mort. J'aurai calé avec elle quelques arrangements. Elle ne me surprendra pas. Elle peut venir, je suis prêt à l'affronter. À subir ses jugements et ses reproches. Debout. On revient autre. Plus rien n'est comme avant. Les modernes disent qu'arriver à Santiago n'est pas le but et que c'est sur le Chemin qu'on goûte aux sources de quelque chose d'unique. En vérité je te l'affirme, Le Camino a trois étapes : sa route aux cailloux acérés, son sanctuaire sacré de Santiago et les sentiers en pointillés que tu disperses partout autour de toi une fois revenu. Et c'est pour cela qu'une fois au terme de ton premier effort de marcheur, tu laisseras se décanter les émotions, les images et les visages accumulés tout au long de la route. Tu dois trouver une place à cette expérience dans ton quotidien et continuer à marcher en *éveillé*. Sans triomphe, sans fierté.

Le Camino est une suite d'aléas, de coup du sort, d'incertitude permanente, de furtivité des rencontres et des paysages. C'est un plat servi très épicé. C'est une petite aventure qui peut rendre très fade et amer un quotidien plat et sans sel. La Grande Route est intense et puissante. L'arrivée à la Basilique de Saint-Jacques-de-Compostelle est donc une fin, mais aussi un commencement à gérer pour que le pèlerinage ne soit pas une parenthèse de nostalgie sans fin, mais un nouveau souffle. Certains échouent en cela et on les voit démultiplier les Chemins pour regoûter à ces épices divins. Je les appelle, tu le sais, *les âmes damnées* du Chemin. Ils sont en marche perpétuelle sur Compostelle, mais un Chemin sans fin confine ces pèlerins dans le labyrinthe. Ils y trouvent une deuxième famille de rencontre sans lendemain, dans une ambiance insouciante et festive. C'est une retraite comme une autre. Ils ne sont plus dans la Grande Route, ils deviennent une de ces pierres clandestines de la Cruz de hierro, des intermittents d'une retraite spirituelle non solitaire et solidaire, où la fraternité est facile. Laissons-leur une belle place, car ils arriveront à se libérer. Et je vois que souvent ils sont les plus grands protecteurs de la Voie, ils l'entretiennent et la font connaître. Ce sont ses anges gardiens, templiers dans l'esprit, de nos temps.

D'autres croient qu'on peut chasser le religieux par le spirituel et qui nie ainsi le caractère sacré d'un pèlerinage. Je t'en avais parlé à nos commencements. Ils marchent alors dans l'illusion que Compostelle est un temple désacralisé. Ils se trompent ! Ils se masquent, ils se mentent. Il n'en déplaise, au bout du bout, c'est bien le matamore qui les accueillera, pas la banderole *Arrivée* d'une épreuve physique ou culturelle ! Même si la culture est posée là comme un bel alibi, comme un beau décor artificiel nécessaire pour traverser les temps. Alors je pleure devant ces églises romanes ou ces abbayes transformées en salles de spectacle. Et certains rêvent de leur destruction. Mais la quête profonde des pèlerins est bien souvent dans la recherche d'un but unique : l'atteinte de la certitude. Or ses portes nous sont souvent fermées, le doute est le sang de la vie. On doit donc rester en cheminement sur le parcours de la vie, car parfois la bonté du Chemin, par pitié ou par reconnaissance, nous lâche des bribes de certitude. Ne te repose pas sur tes œuvres, ne t'estime pas payé de tes efforts et de ta dévotion, poursuis ta quête Fiston !

Un de mes compagnons de route a tout quitté après son périple pour se faire aubergiste à Sarria. Il devint hospitalier pour rendre ce qu'il avait reçu et continuer son pèlerinage d'une autre façon, tentant de maintenir ce fragile esprit de l'hospitalité gratuite et généreuse. Face à la vague de la foule et du nombre, il lutte pour accueillir chacun comme un frère, sans distinction aucune, avec confiance. Il me dit que le trésor d'humanité qu'il trouve en chaque rencontre le fascine et l'émerveille. En accueillant, il se fait ainsi partenaire et complice d'une constellation de Chemins différents. Car l'hospitalité est plus encore dans l'écoute que dans l'accueil. Tu y es écouté et on se fait l'écho de ta parole. Écouté avec les *oreilles du cœur,* rassuré avec les paroles de l'âme.

Tous les pèlerins ne méritent pas cette donation magnifique. Mais déjà dans les temps anciens, la foule attirait des faux pèlerins qui vivaient de la charité d'hospice en hospice : des voleurs et des opportunistes et des brigands. Le jeu et la prostitution étaient aussi présent. Certaines peines de prison pouvaient même être abolies en réalisant le pèlerinage. »

Jean était devenu inarrêtable, comme si le temps lui était compté.

— Maître, lui demandais-je avec un grand émerveillement devant l'étendue de son savoir, vous voilà, semble-t-il, pressé ?

— Hélas Petit homme ! Hélas ! Je le suis, car nos chemins vont se séparer bientôt, me répondit-il.

UNE PROMESSE DE COMMENCEMENT

Maître Jean afficha un visage grave et me dit.

— Pour terminer, parlons d'hospitalité et des devoirs du long chemin de la vie. Sache que dans les Codex Calixtinus la règle de l'hospitalité était dictée clairement, observe là et connaît là : *les pèlerins, pauvres ou riches qui reviennent de Saint-Jacques ou qui y vont, doivent être reçus avec charité et égards par tous ; car quiconque les aura reçus et hébergés avec empressement aura pour hôte non seulement Saint-Jacques, mais Nôtre-Seigneur lui-même ainsi qu'il l'a dit dans son évangile : « Qui vous reçoit me reçoit ». Nombreux sont ceux qui jadis encoururent la colère de Dieu, parce qu'ils n'avaient pas voulu recevoir les pèlerins de Saint-Jacques et les indigents. À Nantua, qui est une ville située entre Genève et Lyon, un tisserand avait refusé du pain à un pèlerin de Saint-Jacques qui lui en demandait ; il vit tout à coup sa toile tomber par terre, déchirée par le milieu. À Villeneuve, un pauvre pèlerin de Saint-Jacques s'adresse à une femme qui gardait du pain sous des cendres chaudes, lui demandant l'aumône pour l'amour de Dieu et du bienheureux Jacques ; elle lui répond qu'elle n'a pas de pain, à quoi le pèlerin répartit : « Plût au ciel que ton pain se change en pierre ! » Et le pèlerin s'étant éloigné de cette maison se trouvait déjà à une grande distance, quand cette méchante femme s'approchant des cendres pour y prendre son pain ne trouve à la place qu'une pierre ronde. Le cœur contrit, elle se met aussitôt à la recherche du pèlerin, mais ne put le trouver.*

À l'inverse, d'ailleurs, si on était riche, on pouvait payer quelqu'un pour faire le Chemin à sa place et en obtenir en retour les indulgences ! Il y avait aussi des auberges *traquenards*, comme aujourd'hui, où le confinement frise à l'indécence en Espagne. Le Chemin des uns n'est jamais le Chemin des autres, mais qu'ils soient bons ou pas, ils ont tous la même issue ! D'autres ont compris qu'ils devaient simplifier pour apprécier, d'autres encore ont œuvré pour forger un maillon de plus à la chaîne d'union des pèlerins, comme hospitalier, comme accueillant, comme bon citoyen. Marisa son épouse aubergiste m'avouera que faire le chemin a été facile, mais qu'appliquer ses leçons est difficile. Elle n'avait rien vu ni senti sur le chemin, mais son grand défi fut de rester en cohérence avec ce qu'il lui avait appris.

Ce fut un grand défi pour elle de s'ouvrir aux autres. Pour se faire confiance, pour savoir mieux partager, pour accepter les autres tels qu'ils sont, pour être renforcés dans sa détermination, mais aussi pour donner un sens à sa vie, en faisant œuvre de tolérance, en acceptant les drames de sa vie, pour mieux construire ses projets. L'hospitalité est un des visages du divin. Elle n'est pas naturellement humaine. L'Homme doit forcer sa nature et se mettre sur le marchepied de la divinité pour l'endurer. Un proverbe galicien le dénonçait sans équivoque et proférait : « *À quoi bon des pèlerins, si ce n'est pour apporter puces et poux* ». Et pour cette raison les pèlerins étaient souvent poussés à éviter les villages et les villes.

Et surtout, retiens bien cela : on doit participer au changement du monde au travers des pèlerins. L'essentiel est que demeure quelque part ce dont on a vécu pour voir que le Graal est en soi, et qu'on lui aura simplement donné un peu plus de place en route pour qu'il s'épanouisse et qu'il exprime les formules magiques qui vont aider le monde à surmonter les obstacles. Je vais être une nouvelle fois affirmatif : le Chemin m'a fait. Là côté cœur et côté sourire. Il m'a rendu disponible. Il a élargi mes yeux et agrandi mes rêves. Il m'a fait aimer le nomadisme philosophique, ce doux apprentissage de la persévérance face aux éléments et aux obstacles qui efface nos fragilités. À ne plus avoir de racines matérielles, la liberté est totale. La peur de manquer disparaît. La peur de paraître disparaît. La peur de se tromper disparaît !

L'argent, le pouvoir, le luxe, la notoriété, la respectabilité deviennent des accessoires et non point des choses centrales, le pèlerin sait que leur ablation n'est pas mortelle. Ton Chemin doit être une invitation à aimer, à exister, à percer les impasses et à les transformer en boulevard. Tu dois être tout sauf une coquille vide. Chez les anciens, au retour de Compostelle, les pèlerins fixaient des coquilles partout, dans leur maison sur ses murs extérieurs, au-dessus du lit ou clouée sur la porte des étables, près des ruches, des puits ou des abreuvoirs. La coquille est un chasse démon ! Dans les champs, elles étaient supposées éloigner les mauvaises herbes, les rats, la maladie et la vermine. Les coquilles immergées dans l'eau et le vin fournissaient même une boisson thérapeutique aux malades. Elles libéraient des pouvoirs magiques !

— Maître, lui rappelais-je, et la sagesse ? »

Le grand Sage prit une voix presque enjouée.

— Je pense, cher Disciple, que c'est toi qui aurais dû me donner des leçons de sagesse, et non l'inverse. Une légende qui date de Charlemagne explique qu'il est constamment sur le Chemin un Grand Pèlerin qui donne des réponses directes à nos questions et qui veille sur les pèlerins. Ne serais-tu pas à son service ? Quelle est ta part de Grand Pèlerin ?

— Je ne suis rien, avouais-je, je cherche juste la sagesse.

— Si tel est le cas, tu sais donc maintenant que la sagesse est dans le discernement, en sortant de la confusion. Elle est dans le tri. Elle crée un enracinement vertueux de nos décisions, c'est-à-dire ouvert au monde. Elle va toujours vers la réussite par des sentiers qui lui sont propres. Tu as compris que tout est lié. Tu t'es rendu compte d'une chose primordiale : le but final de la démarche de celui qui croit est toujours de *remettre l'Homme debout, sans cesse, sans se lasser.* Se lever et marcher ! En ombre fugitive passant dans l'éternité. La sagesse est en cela : relever ce qui est tombé et reconstruire. Et une fois l'Homme remis debout, il faut lui apprendre à faire seul, avec l'aide des autres ! Jeter un regard vers l'infini. Accepter les règles. Et puis continuer à marcher dans le bon sens, c'est-à-dire aller de l'avant. Dans l'équilibre dont je t'ai souvent parlé, qui exige un mouvement de nomade en même temps qu'une stabilité dans la constance de son engagement.

Il ne faut pas se mettre dans une fuite permanente qui ne serait qu'une fuite de soi-même, mais dans une promesse de progrès, lente si besoin, mais constante. Poser une décision après une autre, comme un pas après l'autre, poser une chose après une autre. Sachant qu'*in fine,* quoiqu'il arrive, il faudra rejoindre les *biens éternels,* ou la terre, ou le feu, selon tes souhaits défunts. Car sur fond de grandes interrogations, le temps passe et rien ne l'arrête, le fil d'or qui relie à la lumière est fragile. Alors la sagesse invite le pèlerin *du lendemain* à se demander ce qu'il a envie de poser comme pierre d'avenir. Saura-t-il apprécier encore la merveille de l'instant présent où l'on n'est pas déjà ailleurs ? Saura-t-il goûter aux *délices de ce siècle et les joies de ce monde* comme l'énonce le Codex Calixtinus ? Saura-t-il percevoir que l'acte de créer indique les bons sens du lendemain ? Qu'a-t-il envie de vivre et de faire le lendemain ? Là est le début de la sagesse. Là sont certains des fruits de la longue méditation marchée. La moisson de ce long face à face. La récolte de ce grand recul fait pour prendre un immense élan. Il deviendra alors un veilleur de bien et une sentinelle de la bienveillance. Mais si ce pèlerin affranchi *du jour d'après* n'est pas prêt à pratiquer chaque jour son Chemin, ce n'est pas la peine de le commencer. Sans persévérance, pas de marche. Sans effort, le néant. Alors le pèlerin enterrera son bourdon et sa coquille dans ses vieilles habitudes, happé par le quotidien et les exigences matérielles, captif des *soins palliatifs de l'artificialité* du monde *profane,* hors chemin. L'avoir reprendra l'ascendant sur l'être. Alors le pèlerin sans lendemain n'aura été qu'un passant. Le Chemin guérit, la route te murmure ses secrets, mais sa parole passe, il faut l'entretenir. Le Chemin se réussit après.

— Alors dis-je, que faut-il que je fasse maintenant Maître ?

Le Sage se mit à rire généreusement, comme jamais il le fit avant, puis me dit.

— Plus haut et plus loin Jacques, éternel convertisseur des âmes égarées, telle est ta direction, et il faut maintenant que tu te mettes en route, il est temps ! Ayant atteint l'âge de raison tu cherchais la sagesse. Mais dans ce monde, la raison n'est pas la sagesse. Et si tu m'as toujours imaginé sage, il est probable que la raison m'échappe souvent. Rappelle-toi que la sagesse n'a de valeur que si elle est prolongée par l'ingénuité et l'enthousiasme. »

Puis il s'inclina devant moi, la main sur le cœur, comme on fait une révérence, il me prit généreusement dans ses bras, dans ce geste d'abrazo qu'on fait entre pèlerins, et il dit.

— Le jour tombe et la nuit se lève, il est temps d'allumer les étoiles. Le petit homme pèlerin est un doux rêve d'espérance, une belle invention rêvée.

Soudain, il disparut.

Alors je partis au désert. Dans l'immensité. Dans la jouissance de la simplicité. Pour joindre au silence des mots, le silence des yeux. Pour persévérer et ne jamais renoncer. En marchant, car c'est ainsi que l'Homme perce les horizons de ses pas en même temps que de ses rêves. Un jour, je me suis retourné et j'ai vu sur le sable l'empreinte de mes pas accompagnée par celles d'un marcheur invisible. Alors, je sus qu'il était temps de *faire* Compostelle. Et à cet instant, j'entendis un cri. Mais cela est une autre histoire. Car toute fin, il est vrai, est promesse de mille commencements.

Les murmures du chemin de Compostelle

Groupe CCEE,
Les Tuileries
49 rue Jeu de ballon
13 400 Aubagne
https://autres-talents.fr

ISBN : 978-2-9555430-2-3

Dépôt légal décembre 2018

Imprimé en U.E.